社会科学哲学译丛　殷杰 主编

本书受教育部重点研究基地山西大学科学技术哲学研究中心、
山西省“1331 工程”重点学科建设计划资助

卡尔·波普尔与社会科学

〔美〕威廉·A. 戈顿（William A.Gorton）◎著
殷 杰 马 健◎译

科 学 出 版 社
北 京

图字：01-2016-3855 号

图书在版编目（CIP）数据

卡尔·波普尔与社会科学 /（美）威廉·A. 戈顿（William A. Gorton）著；殷杰，马健译. —北京：科学出版社，2018.8
（社会科学哲学译丛）
书名原文：Karl Popper and the Social Sciences
ISBN 978-7-03-058288-1

Ⅰ. ①卡… Ⅱ. ①威… ②殷… ③马… Ⅲ. ①社会科学-科学哲学-研究 Ⅳ. ①C02

中国版本图书馆 CIP 数据核字（2018）第 161039 号

丛书策划：侯俊琳　牛　玲　邹　聪
责任编辑：田慧莹　刘巧巧 / 责任校对：邹慧卿
责任印制：赵　博 / 封面设计：有道文化
编辑部电话：010-64035853
E-mail: houjunlin@mail.sciencep.com

科学出版社出版
北京东黄城根北街 16 号
邮政编码：100717
http://www.sciencep.com
北京厚诚则铭印刷科技有限公司印刷
科学出版社发行　各地新华书店经销
*
2018年 8 月第　一　版　开本：720×1000　B5
2024年 8 月第三次印刷　印张：13 1/2
字数：169 000

定价：78.00 元
（如有印装质量问题，我社负责调换）

总　序

社会科学是以社会现象及人的群体行为为研究对象的科学，其所从事的是对人类社会进行理性的、系统的研究；而社会科学哲学则是对社会科学的逻辑、方法和说明模式进行研究的学科，并以社会科学实践的理性重建为基本旨趣。实质上，二者之间呈现出科学与哲学的内在关系。作为人类知识的两种不同形态，自科学脱胎于哲学伊始，其与哲学就不分轩轾，但科学往往以其革命性的动力推动着哲学的发展甚至转向，科学发现为哲学困惑提供了新的出路，同时也使哲学面临着新的问题。

一方面，社会科学哲学的发展，从社会科学和自然科学的发展中获得了新的动力，这也是面向科学实践的社会科学哲学发展的基本路径。作为社会科学较为成熟的分支学科，经济学所描述的是，凸显社会状态而非物理状态的人类行为，其方法论被逐步扩展到政治学、社会学、人类学等其他社会科学当中，并且成为社会科学的普遍方法论，比如，理性选择理论依然是当今社会科学哲学所关注的热点之一。自社会学从哲学中分离出来之后，实证方法业已成为社会科学研究的基本方法，由此也开启了社会科学研究的实证主义哲学思潮，当然，实证主义在哲学中的兴盛与当时科学方法论的成功密切相关。时至今日，一系列科学新成果的出现，不断引发社会科学的深刻变化，特别是，人类学与社会学、心理学与认知科学之间的学科交叉发展愈益明显，这更有利于社会科学的“科学性”建设，也有助于社会科学哲学传统问题的实质性求解。比如，用互惠利他理论可以细化囚徒困境的说明，用竞争学习理论来说明跨文化异同，以认知科学中的联结主义来研究社会实践中的“共享”现象，等等。由此，可以看出，社会科学哲学正逐步“参与”到社会科学中来。

另一方面，从本质上讲，作为一种对科学进行的反思性实践活动，社会科学哲学就是要对社会理论的所有内容从根本上进行哲学层面的考察，进而寻找到各种理论性和纲领性的思想。作为哲学学科的分支，社会科学哲学的具体形态必然与一定时期的哲学形态相关联。在当代社会科学哲学中，无论是实证主义到后实证主义的相继出现，还是大陆社会科学哲学与英美社会科学哲学的区分，都与其所在的哲学传统有关。此外，社会科学哲学的历史发展，恰恰是哲学与社会科学互动的历史，也是社会科学不断通过自己的理论和实践表达，阐释和建立自己学科特征的历史。虽然当今社会科学有自觉摆脱哲学形而上瓜葛的倾向，但是社会中价值等规范性现象的合理性，却难以完全依靠经验事实来说明，诸如此类的问题，客观上就要求引入哲学的反思，这就使得社会科学哲学与哲学的发展总是同步进行的。20 世纪相继发生于社会科学哲学中的逻辑转向、语言转向、历史-文化转向和知识转向便印证了这一观念。

综上可见，不能孤立地理解社会科学哲学的发展，因为如果仅按流派来描述其发展理路，则有许多具体的焦点问题得不到应有的关注，这些问题恰恰是哲学与社会科学实践最直接相关、理论最中肯的地方。然而，如果只以具体问题的求解来呈现社会科学哲学现实状况，则有可能在整体语境的缺失下，难以周延问题的全部方面。因此，对于社会科学哲学整体研究的概观性图景的把握，就需要将二者统一起来，点线面结合，同时关注问题的历时性与共时性，这也是社会科学哲学的特殊性为研究者提出的根本要求。

国外社会科学哲学研究可谓方兴未艾。当前的社会科学哲学不能仅仅被视为科学哲学的分支，而是呈现出一种对社会研究实践进行反思的元理论研究。这是一种以社会科学的独立学科建制为基本定位的观点，它把社会科学哲学的研究视为在社会科学本身中进行的事务。可以说，社会科学哲学新的理论定位，直接以具体社会科学的研究对象为目标，不只限于为社会科学提供哲学认识论和方法论意义上的普遍指导，而且更专注于反思社会科学学科当中的社会科学实践，以及寻求具体学科本身的普遍原则和理论。也就是说，社会科学哲学面向科学实践的发展路径正在成为主流。特别是，在当前科学社会学和科学、技术与社会（STS）研究的推动下，社会科学家有组织的社会行为、认知劳动的组织模式、研究者的社会责任、研究共同体的制度化等方面，也正成为社会科学哲学自我反思的重要内容，这也使得社会科学哲学的理论和实践价值得到前所未有的认同。

近 30 年来，国内社会科学哲学研究基本上在各个问题域都有所展开，但是总体上看：一方面，在具体问题研究方面有所深入，在研究范式的形成方面却尚在起步；另一方面，社会科学哲学研究所涵盖的领域并没有形成统一的理解。事实上，这两方面的问题是相互联系的，研究领域的模糊，致很难形成用以对话交流的明晰问题，于是也就难以形成所谓的范式。这个现状是国际性的，社会科学哲学近一个世纪的发展，其本身特质使研究触角无远弗届。以新康德哲学为代表的大陆社会科学哲学，通过其解释学、系谱学和批判理论传统几乎可横贯整个西方哲学史，特别是，自狄尔泰系统探索用“精神科学”来区分自然科学始，到韦伯时形成了比较成熟的解释主义的社会科学哲学理论。而以语言哲学为代表的英美社会科学哲学，则与分析哲学交织在一起，比如，温奇秉承了维特根斯坦的后期思想，将“语言维度”引入社会科学哲学的研究当中。此外，当前的社会科学哲学又不可避免地与认知哲学、心灵哲学等分支联系在一起。实际上，科学社会学、STS 在一定程度上也被认为是广义社会科学哲学的一部分。更为复杂的是，传统哲学分支中还包括社会哲学、政治哲学、法哲学等，这些哲学分支与相应的具体社会科学哲学关系的界定一直存有分歧。在此，需要特别指出的是，从当前学科建制上来看，社会科学哲学的研究“散落”在外国哲学、科学技术哲学、马克思主义哲学等学科领域当中。虽然这些领域都在研究社会科学哲学，但整体上缺乏一种具有统一性的研究范式，如此一来，各个领域的研究共同体就很难形成相应的学术认同感，由此也导致了学术规范的缺失，使得社会科学哲学也难以作为一门学科持续发展。

当然，我们迫切希望社会科学哲学成为一门学科，而不是以一种跨学科的、边缘化的研究状况来呈现，因为它有自己的核心问题，即社会科学的科学地位问题。社会科学哲学学科的建立将有助于其研究范式的形成，而范式的形成更需要学术积累与进步。从近 30 年国内社会科学哲学发展的状况来看，其积累有一定的成就，但是与研究范式的形成还有距离，至少在与该学科相关的学术资料特别国外学术资料方面的丰富程度还不够。因此，我们启动“社会科学哲学译丛”的初衷就是，致力于为社会科学哲学研究范式的建立做一些推动性的工作。事实上，只有对国际学术进展有深入细致的了解，并具备广阔的学术视野，才能建立起自己的合理的学术规范乃至学术话语格局，进而做出理论与实践层面的创新。本译丛总体上出于学科建设的需要，遴选代表西方社会科学哲学最新进展的优秀著作，突出学术观点间的异质性，反映一个时期观点间的对话与交锋，重点关注原创性的作品，同时在国内同行已做好的工作基础上，力求呈现社会科学哲学近半个世纪以来的发展图景，为其学科建设做一份厚实的基础性积累。这将是一项艰巨的任务，所以我们把本译丛设计成开放的体系，徐图渐进，以期虑熟谋审，争取力不劳而功倍。

本译丛的整体框架由四个部分组成。第一部分的内容以史为主，包括社会科学史、社会科学思想史和社会科学哲学史，如《社会科学的兴起 1642—1792》《1945 年以来的社会科学史》《社会科学的历史与哲学》。社会科学是社会科学哲学研究的对象，是哲学依赖的事实基础；社会科学发展的规律和本质的研究离不开对历史的审视与重构；社会科学思想史介于科学与哲学之间，是社会科学范式转换发展的呈现；社会科学哲学史是社会科学哲学教学与科研倚重的方面，一门学科的建立首先是其学科历史的建立，有史才有所谓的继承与发展，有史才有创新的基础。第二部分的内容体现为具体社会科学哲学，如《社会科学与复杂性：科学基础》《社会科学的对象》。当今社会科学的发展从深度上讲专业化程度越来越高，从广度上来看交叉发展是不可逆转的趋势，呈现出学科间协作解决问题的态势，学科间的大一统越来越不可能，学科间的整合则时有发生。因此，对社会科学的哲学批判与反思已不能完全是一种宏大叙事，而需要参与到具体社会科学中来。第三部分的内容聚焦于社会科学哲学专论，主要包括名家名著、专题文集、经典诠释等，旨在呈现某一时期学界关注焦点、学派特色理论、哲学家思想成就等，如《在社会科学中发现哲学》《卡尔·波普尔与社会科学》。第四部分的内容专注于与社会科学哲学相关的教材，如《社会科学哲学：导论》《社会科学哲学：社会思想的哲学基础》。教材建设是学科教学建设的重中之重，成熟教材的译介，为我们编写适合实际情况的教材提供了重要的参照。对此，我们从两个方面来展开：一是社会科学哲学通识课教材；二是其专业课教材。总之，本译丛的规划框架兼顾史论，点线面结合，从科研与教学两方面立意，以期能满足社会科学哲学研究范式建设在著作和教科书方面的需要。

山西大学科学技术哲学研究中心一直以积极的姿态推动中国科学技术哲学的学科建设，以促进中国科学技术哲学的繁荣与发展为己任，在译介西方哲学优秀成果方面形成了优良的学术传统、严谨的学术规范和强烈的学术责任感，曾做过大量而富有成效的工作，并且赢得了国内同行的广泛认可。21 世纪初我们陆续推出“山西大学科学技术哲学译丛”，2016 年我们组织翻译的大型工具书《爱思唯尔科学哲学手册》9 部 16 册已陆续出版发行。我们将一如既往地秉承传统、恪守规范、谨记责任，以期本译丛能够实质性地推动我国社会科学哲学的教学与科研迈上新的台阶。由于本次翻译工作时间紧迫，翻译和协调难度大，难免在某些方面会不尽如人意，我们诚盼学界同人不吝指教，共同推动这一领域学术研究的进步。

在译丛即将付梓之际，作为丛书的组织者，有许多发自肺腑的感谢之言。首先我谨向各著作的原作者致谢，他们的原创性的成果为我们提供了可珍鉴的资源；其次，感谢科学出版社科学人文分社侯俊琳社长，他的远见卓识和学术担当，保证了本译丛的成功策划和顺利出版，他为此付出了难以言表的辛劳；再次，感谢每一部书的责任编辑，他们专业高效的工作保证了译著能够以更好的质量呈现出来；最后，还要感谢诸位译者，他们克服种种困难，尽最大可能保质保量地顺利完成了翻译工作。总之，我希望我们的工作最终能够得到广大读者的认可，以绵薄之力推动国内社会科学哲学事业的蓬勃发展。

“哲学社会科学是人们认识世界、改造世界的重要工具，是推动历史发展和社会进步的重要力量，其发展水平反映了一个民族的思维能力、精神品格、文明素质，体现了一个国家的综合国力和国际竞争力。”[①]社会科学哲学是哲学，同时是社会科学发展必不可少的思想前提，为社会科学澄清基本概念，以理论模式提供合法化辩护的工具性手段等；社会科学哲学的繁荣必将有力推动社会科学的发展。社会科学哲学译丛的长远意义也正在于此，“安知不如微虫之为珊瑚与蠃蛤之积为巨石也”[②]。谨序。

殷　杰

2017 年 10 月 10 日于山西大学

① 习近平. 2017-10-10.（新华网授权发布）在哲学社会科学工作座谈会上的讲话（全文）. http://news.xinhuanet.com/politics/2016-05/18/c_1118891128.htm.

② 蠃，通“螺”。出自：章太炎. 1981. 译书公会叙//朱维铮，姜义华，等编注. 章太炎选集. 上海：上海人民出版社：36.

献给我的父母

致　谢

感谢那些在本书创作过程中对部分章节进行评论的学者，尤其是詹姆斯· 法尔（James Farr）和特伦斯· 鲍尔（Terence Ball），同样，感谢纽约州立大学出版社的简·邦克（Jane Bunker）能接受这本书，以及劳里·塞尔（Laurie Searl）在出版过程中帮助我。

本书凡例[①]

本书斜体有以下意义：

（1）表示强调的词语。示例如下。

然而，波普尔似乎只关心，*考虑到*特定个体的信念和目标，社会制度中发生了什么。（第 126 页，原文为 Popper, however, seems to be solely concerned with what happens in the social system *given* certain individuals' beliefs and goals.）

（2）表示强调的句子。示例如下。

社会科学的根本问题是*根据人类行动和社会情境，说明和理解事件*。（第 9 页，原文为 The fundamental problem of the social sciences is *to explain and understand events in terms of human actions and social situations*.）

---

① 凡例为译者所加。

缩 略 语

全书中，在参考波普尔的作品时，我使用了以下这些缩略语：*LScD* 代表《科学发现的逻辑》（*The Logic of Scientific Discovery*），*PH* 代表《历史决定论的贫困》（*The Poverty of Historicism*），*OSE I* 和 *OSE II* 代表《开放社会及其敌人》第一卷和第二卷（*The Open Society and Its Enemies* volumes I and II），*UQ* 代表《无尽的探索》（*Unended Quest*），*PS* 代表《波普尔选集》（*Popper Selections*），*OK* 代表《客观知识》（*Objective Knowledge*），*CR* 代表《猜想与反驳》（*Conjectures and Refutations*），*SIB* 代表《自我及其大脑》（*The Self and Its Brain*），*RAS* 代表《实在论与科学的目标》（*Realism and the Aim of Science*），*OU* 代表《开放的宇宙》（*The Open Universe*），*ISBW* 代表《寻求更美好的世界》（*In Search of a Better World*），*MF* 代表《框架的神话》（*The Myth of Framework*），*KMBP* 代表《知识与心-身问题》（*Knowledge and the Mind-Body Problem*），*ALIPS* 代表《生活就是解决问题》（*All Life Is Problem Solving*），*LTC* 代表《20 世纪的教训》（*Lessons of This Century*）。

目　录

导　论 1

可以说，卡尔·波普尔（Karl Popper）是20世纪最具影响力的自然科学哲学家。虽然他对学院派哲学家的影响可能不如其他几位科学哲学家那么大，但波普尔对从事相关工作的科学家的影响依然是首屈一指的。当要求当代科学家反思科学方法时，他们即便不直接提到波普尔的名字，往往也会引用波普尔的思想。他们会说，科学需要对理论的严格检验、致力于这种严格审查的科学共同体，以及最重要的是，经验上可证伪的理论。所有这一切都是波普尔留给我们的。

当然，波普尔也因为政治批判而闻名。虽然他的作品往往被学院派政治理论家忽略，但波普尔的政治著作——特别是《开放社会及其敌人》（*The Open Society and Its Enemies*）——对第二次世界大战后的政治，尤其是在英国和德国，都有深远而持久的影响。事实上，过去30年间，许多重要的政治人物都认为他很有影响力，包括瓦茨拉夫·哈维尔（Vaclav Havel）、撒切尔夫人（Margaret Thatcher）和赫尔穆特·施密特（Helmut Schmidt）。在过去10年中，通过身家过亿的金融家和慈善家乔治·索罗斯（George Soros）的努力，波普尔的思想已经渗透到东欧的前共产主义国家。1979年，终身崇拜波普尔的索罗斯成立了开放社会研究所，致力于“开放封闭社会，使开放社会更加可行，促进批判性思维模式”（Soros，1997）。该组织的分支也在世界其他地区扩散。在1976年后的10年里，波普尔是最受中国学生关注的政治理论家之一。[1]学生引用他的观点争取创造向公众批评开放的政府机构。

波普尔的作品也得到公众的广泛阅读，他的一些观点已经成为公共话语的一部分，其中最著名的是他的“开放社会”概念。波普尔的政治思想取得这样的影响也许并不奇怪，波普尔也无疑会对这一点感到满意。他希望其思想能影响公众辩论，他写作的目的是得到公众的理解。当知识分子用高深莫测的行话或其他令人困惑的论调传达他们的想法时，
2 波普尔认为这是一种背叛。他写道：

> 知识分子能做的最糟糕的事情——罪过——就是试图把自己树立为相对其同胞而言的伟大先知，并用令人费解的哲理给他们留下深刻的印象。任何不能简洁而清晰地说话的人，就应该什么也不说，继续工作，直到他能做到这一点为止。（*ISBW*：83）

波普尔的政治影响很可能不只归因于其思想的时效性，也归因于他那简洁、朴实、明晰的文风。

波普尔的许多思想也对社会科学产生了持久的影响，随着自然科学与政治理论的发展，波普尔对社会科学倾注了颇多关注。在《历史决定论的贫困》（*The Poverty of Historicism*）、《开放社会及其敌人》等多篇文章中，他对社会科学及其方法论进行了扩展分析。波普尔对历史决定论的抨击得到了公认，他对方法论个体主义的辩护也是有影响力的（尽管它受到了广泛误解，我将在第一章论证）。然而，还有一些显著的例外，相比而言，他最原创的贡献——情境分析——几十年来只得到较少的学术关注（如 Farr，1983，1985，1987；Hands，1985）。但最近，关于波普尔对社会研究的贡献，包括人们对他的情境分析的研究兴趣已经复兴。这无疑部分地归功于 1994 年（波普尔去世的同一年）其发表的文章《模型、工具和真理》（*Models*，*Instruments*，*and Truth*）。[2]这篇文章

对 1963 年发表于哈佛大学的演讲稿做了略微修改，其中包含了波普尔关于情境分析的广泛讨论。在该文发表之后，1998 年，《社会科学哲学》杂志（作为该领域的一流期刊）紧接着发行了两期来专门讨论情境分析。近年来，考察波普尔对社会科学的贡献的一些书籍也出现了，包括希尔曼（Shearmur，1996）、斯托克斯（Stokes，1998），最著名的是玛拉基·哈科恩（Malachi Hacohen）在 2000 年出版的关于青年波普尔的里程碑式的传记（Hacohen，2000）。

然而，对波普尔情境分析及其与波普尔工作中其他方面——包括他对形而上学、政治学和自然科学哲学的贡献——的扩展性考察仍然有待补充。本书是弥补这种缺漏的一种尝试。更确切地说，我有三个目标。第一个目标是提供对情境分析的更丰富理解，这在某种程度上是通过将其置于波普尔思想之更广阔的框架内来实现的。第二个目标是总体上消除对情境分析和波普尔社会科学的常见误解。第三个目标是提出波普尔关于社会研究的建议的一些问题，并为改进他的理论提出一些暂时性的建议。我希望在以下章节中清楚阐述，情境分析为社会研究提供了一种高度隐性的方法。也许最重要的是，情境分析提供了一种方法，它超越了社会研究的解释性方法与自然科学模型之间长期的分歧。事实上，波普尔情境分析的发展可以被理解为试图表明科学说明和解释性理解可 3
以置于“科学”的标题下，这就意味着“科学”一词得到了正确理解。

为了推进第一个目标的实现——丰富我们对情境分析的理解，本书将情境分析与波普尔思想的其他方面相结合，包括他的自然科学哲学和他的“三个世界”的本体论。我更重要的发现是波普尔的科学实在论可以扩展到他的社会科学。具体来说，波普尔的三个世界理论对于将社会制度、规范、价值和其他“世界 3”实体概念化为实在的，提供了哲学上有力的辩护。波普尔认为，建立实体的实在性的核心标准是可观察物质世界中的因果效力。波普尔认为，抽象的实体——包括社会制度、传统和规范——符合这一标准，因此，它们是实在的。由于社会环境在情境分析中起着关键的解释性作用，这种方法也许在很大程度上可以被描述为实在论的——社会科学实在论的其他支持者经常将波普尔视为实证主义和反实在论社会科学的化身，这是令人惊讶的发现。我也考察了波普尔对人类自由意志的赞同和对决定论的反对，并发现情境分析中的人类行为必须被理解为非因果、自由的，并且不受个人心理属性的约束。

波普尔式的情境分析将人类行为概念化为非因果的，我的这一发现能够强化我得出的主要结论，即情境分析能提供某种说明。与实证主义社会科学不同，情境分析的目的既不是预测，也不是揭示社会世界的普遍规律。事实上，对假定社会科学不能产生强预测，社会世界完全没有规律式的规则性，波普尔式的理由就很充分。情境分析并不力求产生普遍的理论，即能够解释和预测所有时代和地方的社会现象的理论。相反，情境分析的目的是解开产生无意识（通常是非预期）社会现象的人际互动的复杂网络。成功时，该方法产生了介于历史学家的个案说明与自然科学的普遍理论之间的社会情境模型。因此，我得出结论，情境分析最好被理解为一种产生“中层”理论模型的方法，该模型不如规律普遍，但比具体描述更有概括性。

为了完成本书的第二个目标——消除对波普尔式社会科学的常见误解，我将转而探讨两个错误概念，它们是关于波普尔对经济理论和马克思主义的立场。就前者而言，人们常认为，情境分析仅仅是边际效用理论或理性选择理论（特别是主流经济学家所使用的）的一种变体。但我认为，
4 这种对情境分析的理解是错误的。说明在情境分析中的权重依赖于社会情境的建构，而非其人类合理性的理论。与经济学中的合理性理论不同，波普尔的“合理性原则”过于单薄，只要求情境行为者遵守几近空洞的“适当”行为的要求。并且，不同于标准经济理论，情境分析允许规范和传统驱使的行为进入理性行为的领域。关于波普尔和马克思主义，我认为，尽

管有广泛的反对意见，但波普尔还是很赞赏作为社会科学家的马克思的。具体地说，我试图表明，波普尔的情境分析至少在部分上，受启发于他对马克思的方法的反思。在我看来，这种启发可以追溯到波普尔对马克思实际的说明实践，特别是《资本论》（*Capital*）中的说明实践的批判，而在该书中，波普尔发现，马克思致力于揭露人类行为的非预期后果。马克思也教授给波普尔，社会世界无法还原为个体的心理特征。

本书的最后一章主要用于我的第三个目标——发现情境分析的缺陷。第一个缺陷是关于情境分析的域面。波普尔主张，情境分析是社会研究的唯一路径，是无法维持下去的。我发现，情境分析无法完全解释信念、欲望和价值的创造，这些赋予了情境模型生命力。总的来说，这种研究属于心理学领域。但这并不是对情境分析的深刻批判，因为它仅仅表明了情境分析和心理学之间的劳动分工：我们可以用心理学来说明特定欲望、规范、信念的产生，进而转向情境分析来说明这些欲望、规范、信念所产生的社会现象。情境分析的第二个缺陷是——它仅恪守合理性原则。波普尔建议，我们应该开始于合理性的假设，在这一点上，毫无疑问他是正确的。通过这样做，合理性原则可以作为探照灯，照亮先前关于情境的模糊方面。然而，一旦处于讨论中的关于行为的理性说明受到了详尽无遗的论述，我们就必须准备好放弃合理性原则。此时，我们需要转向标准非理性（irrationality）——意志薄弱、愿望思维或酸葡萄（吃不到葡萄说葡萄酸）效应——的心理学模型，来对行为做出说明。这种说明真正具有说明力，但它们却不依赖于人性的规律，而是依赖于心理机制。本书最后一章使用了乔恩·埃尔斯特（Jon Elster）的观点，引用他的观点，机制可以被理解为“时常出现且很容易识别的因果模式，它在一般未知的条件下或不确定的后果下会被触发”（Elster，1999：1）。就像基于合理性原则的情境模型一样，机制可以做出说明，但无法进行预测。因此我认为，在合理性原则失败时，结合心理机制将有益于情境分析。

5 第一章　波普尔式的情境分析

正如波普尔在其思想自传《无尽的探索》中所说的，一般说来，相比社会科学，他对自然科学更感兴趣（*UQ*，121）。然而，波普尔却把大量的精力花在了社会科学上，在《历史决定论的贫困》《开放社会及其敌人》，以及一系列论文中，他对社会科学的方法不断进行反思（*OSE II*：89-99；*PS*：357-365；*ISBW*：64-81；*MF*：154-181）。总之，特别是在其早期论文中，波普尔主要致力于表明，社会科学的方法是或至少应该是，与自然科学的方法一样的。[1] 那么，在波普尔看来，自然科学的方法*是*什么呢？在第二章、第三章中，我将详细考察波普尔对这一问题高度原创性的回答。但在此，我要简要地指出，波普尔主张，自然科学和社会科学在根本上都要提出假设并根据经验证据对它们进行检验——假设越大胆越好。波普尔说，科学规律是这种假设最大胆的形式，并且是任何成熟科学的终极目标（*RAS*：134）。科学规律在其范围中是普遍的，所以它们很有可能产生简化的说明，并且会产生真正的预测力。但与此同时，普遍规律的宽泛说明力使得它们广泛且时常处于证伪的危险之下。因此，在波普尔看来，可证伪性——特别是高度的可证伪性——成了科学的特征。

特别是在他的早期著作中，波普尔认为，假说检验和探寻普遍规律也应该是社会科学的目标（*PH*：61-62）。[2] 然而，尽管波普尔强烈支持

科学方法的统一，但他也为研究社会世界提供了一种独一无二的路径，
他承认，这种路径在自然科学中没有类似的事物，它或许代表了自然科
学和社会科学之间“最重要的差别”（*PH*：141；也见于 *UQ*：117）。[3]
当然，这就是情境分析。我将在第三章中指出，波普尔本人并没有充分
认识到，情境分析究竟与自然科学方法有多大的不同。我们将看到这两 6
种路径之间的重大差别，这使得我们只有通过在高度抽象（因此几乎不
会提供什么信息）的层面描述方法论，才能够实现科学方法的统一。但
在本章，我只介绍波普尔所提出的情境分析概念，包括它与其他关于社
会研究的波普尔式观念，特别是他对方法论个体主义的支持和对心理主
义（psychologism）和方法论集体主义（methodological collectivism）的
反对。接下来我们主要探讨的是，波普尔（最冗长且持续时间最久的）
对情境分析的说明——他的文章《模型、工具和真理》。但是，我也会
大量使用波普尔关于情境分析和社会科学的其他讨论。

第一节　建立模型

波普尔通过假定，科学的根本目标是解决问题，并且一般说来，需要说明的问题有两种：单一事件（singular events）和某种/某类事件（types or kinds of events）（*MF*：162-166；*PS*：357）。这说明单一事件——如 1994 年苏梅克-列维 9 号彗星与木星相撞、1980 年圣海伦火山爆发、1789 年法国大革命爆发或 1997 年亚洲经济危机——只需要确定相关的初始条件和一些普遍规律，就可以对事件做出说明和预测。例如，要说明苏梅克-列维 9 号彗星与木星相撞，我们就需要确定这样一些初始条件，如该彗星的位置、质量和速度、其他天体在时间上的连续点，以及一些相关的普遍规律，包括万有引力和牛顿运动定律。

波普尔说，解释某种/某类事件——以某种程度上可预测的模式一再

发生的事件——则需要一种不同的方式。某种/某类事件的例子是一般而言的月食（并非上个月的月食）、经济扩张和衰退周期（并非 1991～1992 年的美国经济衰退和随后的扩张）、一般意义的政治革命（并非法国大革命、美国独立战争或者伊朗革命）。波普尔指出，说明某类事件的最佳方式是建立“模型”，他认为，模型仅仅是对现实的一种简化表征。作为现实的简化，它必然是对现实的虚假描述。例如，为了简化计算，太阳系模型可能会假设，各个行星都只是点，彗星和其他外行星都没有重力，即使这些假设显然是错误的。模型不会包含待解释现象的所有因素，就算是令人满意的模型也不会。考虑到我们的解释意图，好的模型表征的是现实最重要的特征。波普尔承认，我们可能没有正式的方式预
7 先说明应该如何选择这些特征；相反，模型的价值最终将被其实用性所证明。他说，“我想，我们不得不承认，最成功的科学理论是极度简单化”（*MF*：171-172）。

但是，模型的元素或结构特征单独都不足以说明典型的事件。波普尔说，要“驱动”（animate）模型运作，我们就需要普遍规律。因此，牛顿的万有引力定律和动量定律驱动太阳系模型中的行星运行，原子模型则是由强力、弱力和电磁驱动的。波普尔称，没有驱动的普遍规律，模型是无法运作的，因为我们“无法将驱动的规律还原为模型的结构特性”（*MF*：164）。这并不是说我们无法通过发展一个关于规律本身的模型，来对这一普遍规律做出更深刻的说明，而这一模型就是对“说明了此规律如何运作、如何产生效果的元素和结构”的机械论描述。事实上，波普尔鼓励这种机械论的还原；他认为，它们是科学的重要目标（*RAS*：134）。波普尔的观点是，一个模型，无论它多么精致，都无法驱动自身，我们需要新的、更加深刻的规律来驱动它运作，周而复始。对波普尔而言，不存在终极说明——“它们既无法进一步说明，也不需要进一步说明”（*OK*：194）。这是描述波普尔的反本质主义的一条路径，波普尔的

反本质主义主张，我们无法对不证自明的、直觉的和不可还原的现象进行说明。他认为，科学可以且应该探究更深入的现实，因而科学研究永无止境（*OK*：194）。

一、模型和社会科学

解释自然科学中的某类事件，模型通常是必需的。波普尔称，它们在社会科学中甚至更为重要，因为“我们没有足够的规律和初始条件来说明”社会事件（*MF*：168）。[4]就这一点而论，波普尔遵循了弗里德里希·哈耶克（Friedrich Hayek）的思想，他指出，一般而言，社会科学必须要遵从“说明原则”，而非“说明细节”，即对典型事件的说明，而非对具体事件的说明（*MF*：166）。在他看来，产生这种说明的最佳途径是构建关于典型社会情境的模型，因此，构建社会情境的模型就成了社会科学的中心任务：“社会科学的根本问题*是根据人类行动和社会情境，说明和理解事件*。这里的关键词是‘*社会情境*’。”（*MF*：166；波普尔的斜体）[5]

但是，社会情境的模型包含些什么呢？波普尔认为，从广义上来理解，它包含了人和社会关系。社会关系包括社会制度（诸如官僚制度、金融市场、法律条款等）、传统和社会规范。除了人和社会关系，情境模型还包括自然环境的相关特征，如自然规律和限制人们行为的物理障碍。人类行为者（human actor）处于情境模型的核心位置，他们的目标 8
和对情境的认识也是模型的一部分。为了阐释这一观点，波普尔假设了一种情境：碰到一个正在过马路的行人——波普尔称他为“理查德”（*MF*：166-168）。在此情境中，理查德遇到的物理障碍包括汽车、其他行人、隔离带等。制度和社会要素可能包括道路规则、交通信号灯、人行横道标记等。此情境也包括理查德的目标或目的——在这种情况下，就是过马路——以及他对此情境的认识，这包含了他拥有的相关理论和观念。在波普尔的行人例子中，对社会情境的认识不仅包括行人能够看到和听到的物理障碍，还包括他对影响其行动的社会情境的理解，如道路规则和交通信号灯的意义。

当然，行人对情境的理解可能存在缺陷，并且这些缺陷可能会影响他的行动。理查德没有注意到飞驰而来的汽车——此情境的物理组成——可能说明了他为什么没有过马路。同理，理查德对社会规则的误解可能也会影响他的行动。或许，他将交通信号灯的红灯解释成了“走”。成熟的情境模型既包含有“事实上的情境是什么”的描述，也包含有“行为者解释的情境是什么”的描述（*MF*：183，n. 19）。换句话说，社会科学家必须设法客观地重建理查德所面对的情境及他对情境的自我评估。通常情况下，这两种解释之间的不一致是说明行动者（agent）行为的关键。

二、合理性原则

波普尔认为，为了完成情境模型，我们需要通过他所谓的“合理性原则”来驱动它。与经济学家和理性选择理论家不同，波普尔并未发展出这种语境下合理性的精确定义。在第四章中，我们将深度考察波普尔的合理性原则，特别是通过经济理论，但为了实现这一目标，我们需要在此对其进行简单的叙述。

按照波普尔的说法，合理性原则仅仅是一个假设——人们考虑到自己的目标和情境，将“充分地”或理性地行动。其观点是，就像我们的模型所假设的，人们会“找出”情境中所隐含的东西（*MF*：169）。波普尔对合理性原则的叙述出乎意料地含糊，这让人们非常失望，但这一原则却可以被合理地解释为极为“单薄”的合理性模型。行为者在情境之前，没有预先设定的一般目标或目的，如财富、权力，甚至幸福的最大化；显然，波普尔也没有假设，行动者会以机械作为工具来行动（以一种有计划的方式）。规范或传统所引导的行为也可以被理解为是理性的（因此，我将在第四章探讨波普尔的“利益”）。同样地，也不存在“人们会以严格自利或利己的方式来行动”。就此而言，情境分析几乎所有 9
的说明力都在于情境本身，而非合理性原则。事实上，波普尔认为，合理性原则不应该被视为“下述经验的或心理的断言——人们的行动常常或主要、大部分情况下是理性的”（*MF*：169）。相反，它应该被视为这样一种“方法论假设：我们应该把我们所有的理论成果、说明性理论放入*情境*分析中——放入*模型*中”（*MF*：169；波普尔的斜体）。

波普尔承认，合理性原则几乎是“一个空的原则”（*MF*：169）。尽管如此，它也在情境分析中发挥着核心的双重作用。它的第一个作用和自然规律在自然世界的模型中所发挥的作用，在本质上是一样的。牛顿的运动定律和万有引力定律可以说驱动了太阳系模型，而合理性原则驱动了行人过马路的模型。合理性原则通过将情境中的行人转变为抽象物，产生了其一般说明力；它们的行为是在这种情境下的“任何人”都会表现的行为。波普尔认为，行为者（actor）的特定心理特质是不相关的，与情境所隐含的目标没有直接关系的行为者的信念、价值和目标，也是不相关的（*MF*：168）。比如，我们应该忽略这样一个事实，行人理查德在过马路时，哼唱着威尔第歌剧中的一段，或者正在思索梵文篇章（*MF*：168）。波普尔不认为这样的思想会影响理查德过马路——事实上，在一些情境中，它们会有所影响（如它们使他分神）。关键在于，情境模型应该是一种抽象概念、一种理想类型，它能够解释大量结构相同的情境中抽象的、典型的人类的行为。

合理性原则的第二个作用可以说是其“探照灯”式的能力。波普尔首先提出探照灯的隐喻，来描述理论（或者一般说，期望）在科学研究中，以及事实上所有人类知识中所起的作用（*OK*：346）。波普尔声称，期望总是先于观察结果，并且对阐明我们对外部世界的研究来说是必要的。[6]然而，跟着詹姆斯·法尔（Farr，1985，1987），我们可以扩展探照灯的隐喻，来描述合理性原则阐释行为者所面临的处境的能力。波普尔认为，坚持合理性原则，我们“学到更多”（*MF*：177）。通过保留这样一个假设：行为者的行为是理性的，即使是在表面的不合理面前，合理性原则有助于说明那些可能在其他方面模糊的情境的方面。也就是说，我们被引导去探索情境的维度，这些维度可能说明了人们为什么会做表面上不合理的行为。通常，新的关于情境的事实将会被发现，它们表明，行为者的行为事实上是理性的。于是，理解人们的行动，就变成了发展对其情境的详细描述，而非试图描述个体的心理状态的活动。因此，情境分析不仅可以被描述为一种解释方法，还可以被视为一种说明社会现象的方法。波普尔本人在其后来的作品中，是以这种方式来描述情境分析的（*OK*：162-180；也见于 Farr，1983a）。特别是，波普尔提出在合理性原则的指导下，情境分析对历史来说是最好的方法，至少就历史研究的目标是理解历史上个体的行动和信念而言，是这样的。波普尔写道，“我的论点是，所有历史理解的主要目标都是对历史问题-情境（*problem-situation*）的假设重建”（*OK*：170）。波普尔本人偶尔还涉足科学史，他利用情境分析来提高我们的理解，如伽利略的潮汐理论和开普勒的形而上学等的理解（*OK*：170-180；*ALPS*：74-78）。

三、情境分析的优势

本书将使用大量篇章来评估情境分析的优势。正如导言中所提到的，我并不认为情境分析可以被视为社会研究的唯一方法。同样，我也不认为波普尔所发展的情境分析没有任何缺陷。在我看来，情境分析为社会研究提供了一种启发性的模型。更为重要的是，它提供了一种超越图态研究的方式——具象的说明——而没有使用一般规律，正如我们在第二章中所见的，这些规律在社会世界中显然是不适用的。通过构建典型情境的模型，社会科学家可以期待将特定事件解释为情境模型所描述的典型事件的实例。这并不是说，情境模型将类似于自然科学中支配一切的强大理论。可以说，情境模型力图描述的规律的规律性，将受限于人们一般理性或（我将在第六章第二节中探讨）一般非理性行为的程度。同样重要的是，社会世界的规律在某种程度上取决于社会制度、信念和价值。因为这些事物有时变化很快，有时也很缓慢，所以情境模型描述的规律也是如此。因而，情境模型充满了例外，并且受时间和文化的约束。就此而言，情境模型可以被认为类似于罗伯特·默顿（Robert Merton）提出的“中层理论”（Merton，1967：39-72）。然而，与默顿所描述的中层理论不同，情境分析所产生的中层理论不应该被认为是某一天将会取代那些视角和能力更广泛的理论的占位符。

此外，情境分析与社会研究的解释方法的基本见解是一致的，即人类行动是有意义的，任何令人满意的社会科学都必须要考虑到这一事实。事实上，正如波普尔自己所说的，情境分析可以被定性为一种解释方法和对解释学的一般贡献（*OK*：178）。[7] 情境分析将人类行动概念化 11
为有意的，并且要求我们分析促成行动者行为的信念、价值和社会规则。因此，如果我们的情境模型构建得很好，它将促进我们对情境和处于其中的个体的理解。但情境分析也力求通过构建典型情境模型——它能够揭示各种社会现象之下的逻辑相似性——来超越对解释性社会研究的图态研究和深描。就社会科学而言，这些模型主要是制度模式，如议会结构或官僚模型。这种模型不会产生精确的预测，但它们中最好的模型可能会产生尚可接受的预测，帮助我们解决建设制度中涉及的实际问题。

情境分析的另一个优点是，它提醒我们将物理环境纳入我们的情境模型中。通常，物理环境的作用与社会环境相比，几乎没有什么重要性，但在某些情况下，物理领域的重建将是至关重要的。事实上，在某些情况下，行动者所面对的物理环境的重建将有助于我们更好地了解他的社会环境。正如诺里塔·克瑞杰（Noretta Koertge）所指出的，情境分析揭示出这两种方法都是情境解释的子集合，从而有助于打破物质说明与思想说明的二分（Koertge，1985：130-131）。

最后，情境分析不应仅用于典型社会情境模型的构建。波普尔还将情境分析视为说明特定社会事件的原理方法，即历史的方法（*OK*：186-190）。与情境模型的构建一样，波普尔建议我们忽视心理因素，并且假定历史人物的行动是以合理性原则为指导的。驱动典型情境的是拥有抽象的典型目标和信念的抽象典型人物，而非拥有关于（驱动特定历史情境的）世界的特定具体理论的真实的人。[8]

第二节 反对心理主义和阴谋社会理论

为了充分理解波普尔的情境分析，我们将其与波普尔认为与之相矛盾、但存在缺陷的社会研究方法——心理主义与阴谋社会理论——相比较是有益的。

一、心理主义

波普尔提出，合理性原则是他所谓的“心理主义”的最佳替代。波普尔将心理主义归于约翰·S. 穆勒（John S. Mill）等人，这种信念认为，
12 社会行为和社会制度最终都可以还原为“人性”的心理规律（*OSE II*：89）。心理主义的支持者认为，社会科学的恰当目标应该是揭示人类行为的这种规律，然后将之用于说明复杂的社会现象——同样地，比如，天文学家利用物理定律来说明天体现象。波普尔认为，心理主义的支持者力图以人类心理规律而非合理性原则来驱动情境模型。也就是说，当试图确定一个人在特定情境下的行为时，心理主义的教义会说，我们应该确定人类心理学规律将指示什么样的行为，而不会去问这个人在理性

上会做什么。通过社会和心理实验，或通过研究历史和社会数据，这些规律可能会得以发现。波普尔还比较了心理主义与社会说明的“行为主义”方法（*OSE II*：90）。

在《开放社会及其敌人》的第 14 章中，波普尔猛烈地攻击了心理主义，认为它在哲学上是可疑的，在实践上是不可能的。他对心理主义的反对主要建立在其下述主张的基础之上，即人类的行为不能只通过援引心理动机而得到说明；完整的说明总是会引用人类行为者所面临的情境，特别是情境的社会成分（*OSE II*：90）。为了说明这一点，波普尔让我们来思考一个人购买消费品的行为（OSE *II*：96）。关于这个人的特定心理事实——比如，他购买电视机的*欲望*，或者他的*信念*（这个模型是最好的）——可能会激发人们去买电视机。然而，如果这个人所面临的情境不同，那么，那些同样的心理事实可能会产生不同的社会效果。在某种情况下，他购买电视机可能会导致电视机价格的上涨（通过增加对产品的需求）。但在另一个市场情境下，他的行动可能会导致电视机价格的降低（如通过使其大规模生产更获利）。此人的行为增加还是减少了商品的价格取决于一系列情境因素，如可获得的电视机的数量，或出现在市场上的购买者的数量，这些显然是不可还原为个体的心理事实。波普尔的观点是，仅仅引用个人的欲望和信念通常无法说明所有的社会现象。我们还必须援引他们所面对的社会情境。从这个意义上说，社会研究不能还原为心理学。

波普尔认为，心理主义的倡导者普遍认为社会说明必须参照社会环境，但他们声称，人类制度的*形成*，至少在原则上可以仅仅依靠人的心理而得到解释。因此，严格遵守心理主义驱使着人们，将社会制度的形成追溯到了社会的起源——在这种社会起源中，心理的驱使和性情可能摆脱了社会的影响。从这个角度来看，人们可以表明，人类心理的规律是如何产生社会制度的。波普尔说，穆勒本人认识到社会制度影响人类 13

行为，并因此得出结论，仅仅依靠心理描述而对人类行为和社会现象做出的说明，必须开始于人类社会的开端。但波普尔认为，出于至少两个原因，这是一项不可能完成的任务。

首先，人类或是后来进化成的智人，在他们是人类之前就是社会的。因此，为了这种还原在原则上是可能的，前社会（presocial）“人”必须先于社会而存在。但当然，这是一个历史之谜；前人类的灵长类动物及其社会在智人出现之前，共同进化了数百万年。其次，即使假定前社会人曾经存在，在实践上重建历史进程特别是社会制度的发展仍然是不可能的，因为这项任务太过复杂，而且我们对它也一无所知。穆勒本人很清楚后面这个问题，他在《逻辑体系》（*System of Logic*）第六卷中以观察的形式对此进行了阐述：

> 我不认为所有人都主张这是有可能的：从人性的原则和人类所处位置的一般环境出发，来确定人类发展必须经过的*先验*顺序，并且预测到当前为止的一般历史事实。在前几个阶段之后，先于它之前的几代对每一代的影响……越来越比其他影响更突出。……长期以来，环境与人之间的一系列作用与反作用（如人的本性），每一个由更多的部分和种类组成的连续阶段，都不可能由产生其基本规律的人类能力来计算。（Mill，1987/1872：104-105）

简单地说，“在前几个阶段之后”，社会环境变成了人类行为的主要影响因素（*OSE Ⅱ*：91-93）。波普尔同意此说法，但他接着说道，人性本身——他将其定义为“希望、恐惧和野心”——很大程度上是社会制度的副产品，因此，努力将人的心理还原为其社会根源，而非采取其他办法，这样做更有意义（*OSE Ⅱ*：93-94）。

波普尔进一步指出，心理主义没有意识到这样一个事实，我们的许多社会制度，也许是大多数，并不是有意设计的。相反，它们是人类行为无意识的——通常是不需要的——副产品。他对比了社会制度和动物穿过茂密森林的路径（*OK*：117）。这样的路径通常是在没有任何生物的意图的情况下产生的；它们随着时间的推移而出现，一个又一个的动物跟随着它之前的动物所铺设的轨迹。人造的路径通常也是如此。当然，从某种意义上说，这样的路径是人类意向的产物，因为它们来源于个人通过森林的意图。但是，在大多数情况下，没有人想要这样去创建路径。
而且，路径一出现，就产生了一套影响人类行为甚至人类目标的约束和 14
问题。同样，大多数社会制度都是缓慢增长的无数人类行动的产物。例如，“自由市场”制度在欧洲出现了几百年，刚开始出现时，是在中世纪集市上，旅行商人和当地贵族之间进行的少量商品交换。随着时间的推移，当地的公国和采邑之间的关税被放宽或取消、“公平价格”的观念逐渐为公平市场价格的观念所取代、记账的标准和规范出现等（Heilbroner，1954：18-41）。从来没有人想要去创造这样一种市场，它仅仅是作为数个世纪以来，无数个体行为的总和而出现的。事实上，制度的出现与其作为制度的全意识（full consciousness）之间存在着时间上的滞后。

二、阴谋社会理论

此外，不仅制度很少是人类设计的产物，而且大多数社会事件和现象，如战争、经济危机、贫穷和失业，也是如此。波普尔将“社会世界是人类设计的产物”的信念称为“阴谋社会理论”（*OSE Ⅱ*：94-95；*CR*：123-124）。这种信念认为，历史主要是强大的个体——资本家、贵族和政治家——的产物，他们为了自己的利益操纵世界。但是波普尔指出，通过揭露阴谋来尝试着说明社会现象，与好的社会科学恰恰相反。由于社会领域的巨大复杂性和普遍不可预测性，强大的人试图操纵它的企图——特别是隐秘的企图——通常会落空，甚至适得其反。在这种情况下，社会研究的目标不应该是表明拥有各种目标的个体如何实现自己的目的；相反，社会科学的“主要任务”应该是揭示人类行为的非预期结果、“对社会领域不太明显的依赖”，或“有目的的人类行动所产生的意想不到的社会影响”（*OSE* Ⅱ：94–95）。事实上，波普尔主张，就人类行动产生了其期望的效果而言，社会科学就没有可研究的问题了。

波普尔声称，阴谋社会理论为人们普遍接受，但他似乎认为，它主要是一种“民间的”或庸俗的社会理论，而非严肃的社会理论家的有影响力的观点。然而，尽管对理解和解释政治现象而言，阴谋论通常是错误的、不为见多识广的社会观察家所重视的，但历史上的许多政治行为者承认阴谋论的存在，并采取行动来反对它，承认这一点是很重要的。波普尔认为，希特勒努力反对犹太人贤士的（不存在）阴谋。“庸俗马克思主义者”实际上坚持阴谋社会理论——比如，他们认为，工人阶级的贫困是资本家阴谋的产物。但是，波普尔认为，马克思本人并不持有这样的观点。在马克思看来，资本家和工人都陷入了造成商品生产过剩、工资下降和经济萧条等现象的社会情境中。事实上，他将马克思视作阴谋社会理论早期强有力的批评家（*CR*：125，n. 3）。

第三节　方法论的个体主义

对阐释波普尔的社会科学哲学中下述重要且令人困惑的方面来说，即他对方法论个体主义的接受，理解他对心理主义的反对是至关重要的（*OSE* Ⅱ：98，323，n. 11）。波普尔告诉我们，心理主义与方法论个体主义都在“理智上反对集体主义和整体主义”（*OSE* Ⅱ：91）。也就是说，心理主义“强调，集体的‘行为’与‘行动’，如国家或社会团体，必须还原为行为和人类个体的行动”（*OSE* Ⅱ：91）。因此，波普尔刚刚声明了“社会学的自主性”，并且否定了还原论的心理主义，但他现在告诉我们，我们必须将集体实体的行为“还原”为个体实体的行为。乍看之下，这一要求似乎与对心理主义的反对相矛盾。但我希望以下的分析将表明，这里并不存在矛盾。

众所周知，波普尔对方法论个体主义的支持是其哲学的特征，可以追溯到他初期的社会科学著作。沃特金斯（J. W. N. Watkins）的工作很大程度上依赖于波普尔，除了他之外，其他的思想家并没有常常将波普尔称为方法论个体主义的权威。事实上，对方法论个体主义的学术论文而言，以赞同波普尔对这一主题的贡献开始，在礼仪上是必要的（Lukes，1994：451；Miller，1985：459；Little，1998：25，n.1）。然而，尽管波普尔强调，甚至热情地支持方法论的个体主义，但他所支持的学说实际上是相当琐碎的，甚至根本不应该被视为一种方法论的个体主义。事实上，波普尔几乎没有关于方法论个体主义的作品；相反，他更多的是描述他所认为的其方法论的对立面——心理主义和他称为“方法论集体主义”的路径。因此，解释波普尔对方法论个体主义的理解，很大程度上要辨别什么不是方法论个体主义。也就是说，我们可以通过考虑波普尔作品中一些零散的内容，来审视他对方法论个体主义的理解，而在这些地方，他的工作接近于定义这一术语。

我们看到，波普尔在《开放社会及其敌人》的第 14 章中声称，方
法论个体主义“强调集体‘行为’和‘行动’，如国家或社会团体，必 16
须还原为行为和人类个体的行动”（*OSE Ⅱ*：91）。在同一章中，波普尔
随后又补充道：方法论个体主义

> 支持这样一个重要学说，即所有的社会现象，特别是社会制度的功能，都应该被理解为来源于人类个体的决策、行动、态度等，我们不能满足于依据所谓的“集体”（国家、民族、种族等）做出的说明。（*OSE Ⅱ*：98）

在《历史决定论的贫困》中，波普尔将方法论个体主义称为

> 无懈可击的学说，我们必须努力将所有的集体现象理解为，归因于个体人类的行动、互动、目标、希望和思想，以及他们创造并保持的传统。（*PH*：158）

不幸的是，这三个段落代表了波普尔提出的所有方法论个体主义的定义，并且在这些叙述中存在着相当多模糊的地方。例如，如果波普尔只是声称，个体的行动必须以*某种方式*列入对社会事件的说明，那么他主张的“社会现象应该被视为归因于个体的行为”的观点，*确实*看起来是“无懈可击”的。这么多的事物似乎都是不证自明的，我们很难想象，波普尔潜在攻击的是什么学说。但也许波普尔做出了更加强有力的断言。他确实要求将社会团体的行动“还原”为个体的行动，但这种还原将对他造成什么影响却并不清楚。然而，考虑到我们以前对波普尔反对心理主义的讨论，我们已经知道，他坚决反对将社会学还原为心理学。

思考史蒂文·卢克斯（Steven Lukes）在其关于这一主题的高引用文章中（Lukes，1994），对方法论个体主义和还原论的考察，有助于确定波普尔心目中是哪种还原论。首先，我们可以指出，乍一看，波普尔所叙述的方法论个体主义似乎大致相当于卢克斯给出的定义。在研究了相关文献之后，卢克斯定义了方法论个体主义——“可以仅仅依据个体的事实，对关于社会和社会现象的事实进行说明”（Lukes，1994：452）。然而，和波普尔的定义一样（正如卢克斯所承认的），什么可以算作个体的事实，也存在很多模糊之处。

卢克斯认为，方法论个体主义可以允许的个体事实至少有四种可能的类型（Lukes，1994：452）。第一种事实将人类描述为物质对象。这些事实既不涉及也不预先假定任何关于人类意识的东西，更不用说
17 关于个体社会关系的东西。这样的事实包括对大脑状态或人类遗传特性的描述。因为只允许这些事实，所以对一些社会事件的充分说明——如革命或总统选举——必须还原为关于个体大脑中神经活动模式的事

实，或关于他们的 DNA 结构的事实。显然，第一类事实需要极端的还原论，不仅禁止任何关于社会关系的事实，而且禁止对人类意识的事实进行描述。

卢克斯定义的第二类事实描述的是心理倾向或心理过程，它们预先假定了人类意识，但却不需要涉及社会团体或机构。侵略、满足、厌恶、兴奋、刺激反应和铭记都包含在这类事实中。

我们可以将第三类事实称为关于个体的最低程度社会性的事实。第三类事实包括下述概念，如权力、权威、合作、失范和冲突。这些事实预先假定了一种社会语境，但它们并没有假定任何*特定*类型的社会制度。例如，这种方法可能描述一个人行使着一定的权力，而不描述他行使权力的特定机构。我们可以简单地说，一个人对一定数量的其他个体行使了权力。

最后，我们到达了限制最少的第四类事实。这类型的事实是最具社会性的，因为它们涉及的是特定的社会制度或团体，或者特定类型的机构或团体。这类事实可能包括对个人投票、兑现支票、接受洗礼、发布禁令或使用现金购买汽车的描述。进而，这类事实又各自预先假定了民主的政府、银行系统、教堂、法律体系和货币体系。显然，大多数对社会现象的说明，无论是外行或社会科学家，都包含了大量的第四种事实。

我们现在可以更好地考虑，波普尔提倡的依据个人行为对社会现象进行说明是什么意思。首先，很明显的是，波普尔拒绝任何把社会科学还原为第一类事实的要求。我们将在第二章中看到，波普尔反对物质主义的潮流，他认为，将心理状态还原为大脑状态是不可能的。但在这里我们可以指出，波普尔的反心理主义一定会排斥这个版本的方法论个体主义。他几乎无法论证把社会学还原为心理学的不可能性，但他同时主张把社会学还原为生物学。我们应该注意到，几乎没有严肃的思想家想将社会科学还原为第一类事实。即使这种方法在原则上可能是可能的——

值得怀疑的——但如果要实现的话，产生这种说明所需的技术知识是遥不可及的。

同样明显的是，波普尔反对这样一种主张，即社会科学中的说明只
18 能依据第二类事实来被表述。此外，由于波普尔对心理主义的反对，我们肯定无法将他的方法论个体主义版本解释为只允许这样的非社会的、心理的倾向进入对社会事件的说明。正如我们上面看到的，他坚决反对穆勒的主张，即社会事件和事实可以只参照“人性的心理学”得到说明（*OSE Ⅱ*：90）。这当然包括懒惰或暴力倾向等特质，以及更为明显的面向社会的人类特征。

经过初步检查，波普尔对社会科学的建议可能与受限于第三类事实的解释相一致。然而，这些最低程度社会性的事实对波普尔的方法论个体主义来说，仍然过于局限。事实上，波普尔明确否定了社会科学可以被还原为这类事实的说法。例如，他承认，“对权力的渴求”这种有关个体的“心理事实”，无疑对政治学研究很重要。但他补充说，对权力的渴求“毫无疑问是一种社会观念和心理观念”，他的意思是，为了获得对这一渴求的完整认识，我们必须要在某种特定的社会制度框架内（如家庭）追溯其发展（*OSE Ⅱ*：97）。换句话说，要理解对权力的渴求，我们必须要研究有助于将这种心理灌输给个体的社会制度和社会化过程。他还说，爱、抱负，甚至他的“文明的张力”——波普尔说的不安的感觉是开放社会中生活的代价——等心理概念，既是心理概念，*也是*社会概念，因为不将它们与社会情境联系起来，是无法充分描绘它们的（*OSE Ⅱ*：98）。因此，很显然，波普尔用权力和权威等最小程度社会性的概念，对社会现象做出的说明，需要涉及具体的社会情境。

我们剩下来考虑第四类事实，毫无疑问，波普尔允许——事实上需要——把这种类型的事实纳入社会说明。波普尔把他的方法称为社会研究的“制度主义”（institutionalist），他在这一点上十分清楚（*OSE Ⅱ*：

90）。制度主义者

> 指出，首先，仅仅用动机是不能说明行动的；如果动机（或任何其他的心理或行为主义的概念）被用于说明，他们就必须参考一般情境，特别是环境，以作为辅助。就人类行动的情况而言，这种环境很大程度上具有社会性质；因此，我们的行动只有参照我们的社会环境、社会制度及其运作方式才能得到解释。（*OSE II*：90）

在其他地方，波普尔甚至断言，社会研究的主要目标应该是分析“抽象关系”。他的意思是，社会科学家应该分析支配个体行为的规则，而不是分析受这些规则支配的实际个体（*OSE I*：175）。

卢克斯指出，波普尔提倡社会说明将对社会情境的参考包含在内， 19
关于为什么波普尔（和沃特金斯）坚持称其立场为方法论的个体主义，他提出一些困惑（Lukes，1994：457）。[9]这是令人费解的。如果波普尔允许最大程度社会性的命题进入社会科学说明，那么他可能反对什么类型的社会说明呢？当然，波普尔预想，他的方法论个体主义排斥某些类型的解释。我认为，问题的答案是，波普尔发展其方法论个体主义的叙述的主要目标是，反对他所认为的广泛却存在严重问题的社会研究方法——他称为“方法论整体主义”的方法。他指责黑格尔及马克思偶尔使用这种方法。[10]它蕴含这样一种信念，即某种超验的实体或超历史的力量可以将自己的意志强加给个体，由此就产生了社会现象。换句话说，按照说明的顺序，超个体实体被认为先于个体；个体只是受控于这种力量。波普尔认为，对黑格尔来说，这种力量是“民族精神”；对卢梭来说，它是“共同意志”（*PH*：148-149）。在黑格尔看来，另一个整体实体是理性（Reason），它引导着辩证的历史进程。沃特金斯在攻击“*邪恶*”或“*不人道的*”社会说明时，似乎有些观点类似于波普尔的方法论集体主义（Watkins，1994：445；沃特金斯的斜体）。沃特金斯认为，这些说明并不是依据人的因素，而是所谓的历史规律，来解释社会现象的，这些所谓的历史规律推动着人们沿着预先决定的进程发展（Watkins，1994：445）相比方法论集体主义者，“方法论个体主义者否认，个体会受到不可还原的社会或历史规律的阻挠、操纵或破坏”（Watkins，1994：450，n 8）。

沃特金斯的评论不仅有助于阐明波普尔对方法论集体主义的不满，而且暗示了历史决定论——社会科学的目的是预测历史的进程——与方法论集体主义之间的联系。波普尔认为，方法论集体主义和历史决定论是天然的盟友（*PH*：71）。历史决定论常常假定一些整体实体中，如国家或理性，它们包含和控制个体，从而决定历史的进程。然而，我们应该注意到，波普尔历史决定论不需要蕴含方法论的集体主义。波普尔认为，穆勒是历史决定论者，同时也是心理主义的支持者。对穆勒来说，是人类的本性而不是一些整体或超历史的力量，最终决定了历史的进程。

根据我们的分析，我们应该如何理解波普尔的方法论个体主义？波普尔的意图似乎是这样的，社会科学中的说明总是需要描述个体在社会
20 环境中的行动（acting）。个体的能动性不能屈从于某些整体实体的意志，最终是个体驱动着社会世界；反之则不然。然而，与此同时，社会情境不能被还原关于个体的事实——无论是孤立的实体、心理实体还是物质属性。事实上，开发情境模型所涉及的大部分工作是描述社会情境。另外，个体的行动将被假定为以理性原则为指导，而不管情境如何。

方法论个体主义的伦理观

波普尔对方法论集体主义的强烈反对不能仅仅基于方法论来解释。如上所述，波普尔认为，方法论个体主义不仅在方法论上是强制性的，在伦理上也是强制性的（Stokes，1998：80；Lukes，1994：454）。对波普尔来说，个体的方法优先与个体的道德优先有联系。这在《开放社会及其敌人》和《历史决定论的贫困》中，都是突出的主题（*OSE Ⅰ*：

86–119）。在这两部作品中，波普尔多次告诫我们，假设“整体实体，如国家或民族，有取代或超越于个体的意志和利益”是有危险的（*OSE II*：98–99）。他认为，基于方法论个体主义的社会科学，会减少具体化这种整体实体的危险。在《历史决定论的贫困》中，波普尔甚至声称，方法论个体主义对社会研究来说，是一种“民主的个体主义”进路，而方法论集体主义则蕴含了“集体主义的民族主义”立场（*PH*：148）。波普尔担心对集体“精神”实在的相信会产生以国家或部落“利益”为名的、对个人体的不公和个体的悲惨遭遇。这是他对柏拉图和黑格尔的道德控诉——他们把这个体牺牲在城市和国家的祭坛上。对波普尔来说，方法论集体主义是柏拉图和黑格尔的“极权主义的正义”的婢女。正如我们所看到的，波普尔认为，社会制度和实体就影响了个体而言，有实在的形态[11]，但他认为，这并不是说制度本身就有利益、需要或目标。制度仅仅是为组成它的人们的利益、需求和目标而存在的。波普尔发现了这一点的方法论类比，即国家、制度等集体实体的存在和行为，一直依赖于个体的存在和行为。用波普尔的话来说，我们需要人们来“驱动”社会实体。但是，正如波普尔所认识到的，这并不是说，集体实体的行为可以*还原*为个体的行为。

因此，波普尔试图在他的方法论个体主义版本和他对心理主义及方法论集体主义的攻击之间，寻找一种合理的中间立场。虽然在其混乱的标签之下，澄清他的立场是很困难的，但对波普尔来说，方法论集体主义是这样一种信念，即集体实体的属性和行为先于并独立于个体的属性和行为。我们怀疑，是否所有严肃的思想家都主张这样一种奇怪的、似乎站不住脚的立场。波普尔反对的另一个方法论——心理主义——乍一看，似乎比较合理，但波普尔清楚地说明，它也是站不住脚的还原论策略。因此，如果社会学要独立于心理学，波普尔就必须反对这两种路径。 21

总　结

本章介绍了波普尔的情境分析理论。为了更加缓和地引入情境分析，我们还思考了波普尔所拒斥的一些社会科学方法——心理学和方法论集体主义——以及他所信奉的一种重要的社会科学理论，即方法论个体主义。在下面的章节中，我们将通过思考波普尔与实证主义、解释学、经济学、马克思主义和心理学的交集，来进一步探讨（有时是批评）情境分析。

第二章　形而上学、实在论与情境分析

前一章介绍波普尔的情境分析，考虑它如何与其社会科学哲学的其他方面相关联，包括他对方法论个体主义的支持、对心理主义、阴谋论和方法论集体主义的反对。本章和第三章将把情境分析置于波普尔总体哲学更广泛的框架中，特别是其自然科学哲学和形而上学。追溯波普尔与实证主义的相遇，为阐明其自然科学哲学提供了指导，因为在 20 世纪 20～30 年代，他为了回应当时的实证主义主导地位，发展了他关于科学解释最重要的思想。在本章和下一章结束之前，我希望完成两个目标：第一个是提供更精致的和适度再阐述的对情境分析的理解；第二个是对波普尔的整体科学哲学产生更丰富的理解，其中包括注意到其思想中潜在的问题和矛盾之处。

本章将试图通过反思波普尔对实证主义的四项原则——证实主义、经验主义、反形而上学和反实在论——的回应来丰富我们对波普尔社会科学的理解。我们将看到，波普尔对前两项原则进行了重要修改，并且完全否定了后两项原则。我们的重点是波普尔对形而上学和科学实在论立场的辩护，因为波普尔对这两种学说的立场对情境分析有特别重要的影响的。特别是，我们会考虑波普尔本人对形而上学和本体论即他的世界 3 理论，以及对它所蕴含的社会实体的实在论理解的贡献。我们对波普尔和实证主义的考察将在第三章继续进行，借此我们会思考他对此学说其他三个主要原则的回应——对原因的怀疑论态度、说明的覆盖律模型和科学方法的统一。

24 第一节 维也纳学派的实证主义

为了帮助评估波普尔与实证主义的关系，我想要对支持此学说的关键思想进行概述。这样一种解释是十分必要的，因为在今天，*实证主义*这个术语的使用通常十分宽松，常常被滥用。对许多实证主义的批评家来说，这一学说只不过是试图模仿自然科学对社会科学建模，或者更广泛地说，试图量化社会现象。[1] 此外，实证主义往往错误地与政治保守主义联系在一起。事实上，几乎 20 世纪实证主义所有的关键人物都是左派分子，还有一些包括奥图·纽拉特（Otto Neurath）、卡尔纳普（R. Carnap）、石里克（M. Schlick，他被一个纳粹学生杀死）都是有马克思主义倾向的社会主义者（Hacohen，2000：186–195；Ayer，1959：6–7）。为了理解波普尔的哲学，我们需要理解他作出回应并最终声称已经“死亡”的实证主义——维也纳学派的逻辑实证主义（*UQ*：88）。

毋庸置疑，实证主义有着悠久的历史。孔德（A. Comte）跟随他的老师圣西门（Saint-Simon）的示意，创造了*实证主义*这一术语，虽然除了其法国的根源以外，此学说更深层的根源可以追溯到英国的经验主义者，如培根（Bacon）、洛克（Locke）和休谟（Hume）。这些思想家强调感官或经验数据对我们产生关于世界的知识的重要性，他们对任何不能通过经验观察证实，或通过逻辑或数学分析证明的断言持怀疑论的立场。莱谢克·科拉科夫斯基（Leszek Kolakowski）在他的实证主义的历史中，对这一学说的本质做出了如下描述：

> 按照最一般的术语来定义的话，实证主义是关于人类知识的禁令的集合，目的是将“知识”（或“科学”）的名称限制在现代自然

> 科学发展中能够观察到的活动。更特别的是，在其整个历史中，实证主义将好辩的优势转变成各种形而上学思辨，并由此反对所有这样的回应，无法找到其经验数据的结论，或以它们永远不会被经验证据所反驳的方式表达其结论。（Kolakowski，1968：9）

感官数据和怀疑主义对形而上学的重要性仍然是推动维也纳学派20世纪二三十年代发展的实证主义版本的核心思想，其中维也纳学派包括卡尔纳普、纽拉特、费格尔（H. Feigl）、亨普尔（C. Hempel）、艾耶尔和年轻的路德维希·维特根斯坦（Ludwig Wittgenstein）等思想家（Ayer，1959：3-28；Hacking，1983：41-57；Hacohen，2000：41-57；Joergensen，1970；Kolakowski，1968：174-206）。自然科学的哲学家在谈到实证主义（有/没有前面的形容词）时通常想到的是，维也纳学派对科学知识和说明的叙述，通常被称为“逻辑实证主义”或有时称为“逻 25
辑经验主义”。同任何哲学运动一样，维也纳学派中著名成员的观点也存在重大分歧。不过，维也纳学派实证主义的核心思想可以被识别出来，我把它分为七个核心原则。诚然，这些原则是相当重叠的简化。此外，在发展这些原则时，我受到了波普尔在定义实证主义时，对这一学说的回应的影响。波普尔可能急切地想证明，他消解了他简化了的实证主义，或歪曲了这一学说，使之成为更容易应对的目标。但是，由于我的目标是阐明波普尔的思想，而不是发展单独的对实证主义精细的历史叙述，就我的目的而言，这种对实证主义的简化是可以接受的。

七个原则如下。①*感官数据的首要性*：通过感官获得的数据为我们得到关于世界的知识提供了基础。②*证实主义*：只有通过观察和实验已被证明符合经验事实的陈述或理论，才值得被称为科学的。③*反形而上学*：在原则上不能通过经验观察来证实的陈述，严格来说，毫无意义。④*反实在论*：科学家使用的不可观察的实体、结构和机制，充其量就只是有用的虚构之物，帮助我们组织现象，但它们并不真的存在（这一原则较弱的表述是，科学家必须对不可观察的存在持不可知论，因为建立它们的实在是不可能的）。⑤*对原因的怀疑论态度*：事件之间的必要联系不能在经验上被证明，从而超出了合法科学的范围之外。因此，实证主义者往往将“一个事件引起了另一个事件”的主张解释为“第一个事件先于第二个事件”的主张。⑥*对演绎-律则或“覆盖律”说明的支持*：对事件的说明要求表明，考虑到某些初始条件和一个或更多的普遍自然规律的存在，这一事件在逻辑上是必然的（在这一原则最强的表述中，实证主义否认科学能够解释任何事物；相反，它声称科学只是将现象或经验系统化）。⑦*科学方法的统一*：以上六个原则都体现了一条通往社会和自然世界知识的道路。[2]

第二节　证实主义、经验主义和形而上学

哲学的朋友和敌人经常将波普尔称为实证主义者，但他坚决拒绝这个标签（*UQ*：87-90；*ISBW*：89）。事实上，他首次出版的著作《探究的逻辑》（*Logik der Forschung*）[3]，主要是对维也纳学派的攻击，波普尔本人也这样描述这部作品（*ISBW*：89）。波普尔认为，维也纳学派实证主义的本质是恩斯特·马赫（Ernst Mach）的主张“世界仅由我们的感觉构成”、孔德的学说“知识包含*对事实的描述（不包含说明和假设）*”
26 和罗素（B. Russell）的“逻辑数学哲学”（*ISBW*：89；波普尔的斜体）的组合。但波普尔认为，他自己的哲学为维也纳学派所憎恨，因为他是“反归纳主义者；反感觉论者；拥护理论和假设的首要性；*实在论者*”（*ISBW*：89；波普尔的斜体）。通过探究他相对于我所定义的实证主义的原则的立场，让我们来思考一下，他为什么要这样描述自己。

关于①*感官数据的首要性*，波普尔主张，不存在中介的、不受理论影响的观察陈述，科学家可以用来构造或证实理论（*LcSD*：422-424）。

波普尔坚持认为，关于世界的猜想总是先于观察。即使在我们与环境最简单的相遇中，对世界的预期也先于我们关于它的经验，并且使经验成为可能；对波普尔来说，没有纯粹的经验。当然，波普尔并没有否认经验研究和实验对检验理论的重要性。但他坚决反对这样一个主张，即真正的知识是通过净化我们经由感观——他嘲弄地将此方法称为“心灵桶论”——得到的数据而获得的（*OK*：258-259，341-347）。他还主张，科学的客观性并不取决于感官数据净化，而取决于科学家的批判精神——他们愿意让理论（无论是自己的还是别人的）接受检验——和允许自由交换想法和批评的制度环境（*OSE* *II*：217-220）。

波普尔对②*证实主义*的拒斥，是他对科学哲学最著名且最重要的贡献——他主张可证伪性而非经验的可证性区别了科学与非科学——的一部分。相比之下，逻辑实证主义认为，经验的可证性划分了科学与非科学的界限。但波普尔认为，理论、假说、猜想或假定的自然规律，无论多少次为经验所证实，都无法证明为真。这一见解标志着波普尔对逻辑实证主义者最根本的批判，它起源于休谟臭名昭著的归纳问题。当休谟在 18 世纪指出，我们关于世界的（假定的）知识依赖于归纳时，从对某些现象反复的观察实例中，我们能够就这一现象未观察到的情况得到结论，这一观点震动了哲学界。例如，这样的推理使我们得出这样的结论：太阳明天会再次升起，面包滋养身体，水向下流动。此外休谟认为，自然科学发现的自然规律也是一样的。我们得出这样的结论：万有引力定律将继续有效，仅仅因为它过去曾多次有效。但休谟指出，这种知识永远无法在理性上得到证实，因为归纳在逻辑上总是无效的。正如波普尔所说的，“在理性上或在逻辑上，即使观察到的实例*再多*，也对未观察到的情况没有丝毫影响”（*PS*：107）。归纳问题使休谟陷入了激进的怀疑论中，认为我们关于世界的常识信念和科学所发现的自然规律都不能获得实证知识（justified knowledge）的地位。然而，尽管归纳法在 27

逻辑上是无效的，但休谟认为，归纳仍然具有心理学上的说服力。我们在心理上通常会预期，未来的经验与同类过去经验的模式相符合。或者用休谟的话说，来源于重复的“风俗习惯”迫使我们相信，火可以使人温暖，水能够止渴，无支撑的对象会落在地面上，即使哲学反思使我们相信这样的信念是无根据的。

波普尔同意休谟的观点，归纳法是无效的，但不同意休谟的说法，即人类（和其他动物）仍然依赖归纳来得出关于世界的结论。他说：“我们使用归纳法的信念是错误的。”“这是一种错觉。”（*PS*：104）人类不会通过对实例反复观察来发展他们对世界的预期；波普尔反而认为，情况恰恰相反。预期先于观察：

> 我们没有被动地等待重复给我们留下深刻印象或把规律性加在我们身上，而是积极地尝试着赋予世界以规律性。我们试图发现世界中的相似之处，并根据我们发明的规律来对其进行说明。如果观察表明它们错了，这些可能在以后就必须被丢弃。（*CR*：46）

对我们关于世界的知识的追求总是从假设、预期、理论或猜想开始，只有当我们把它们放到检验中时，我们才能学习。因此，所有的人类知识，包括科学理论和所谓的自然规律，都是推测的，并且通过试验和错误的消除得到增加。波普尔认为，当我们的预期被证明为假时，我们就会对世界有所了解。当休谟认为，没有反复证实我们的理论就不能表明它们的真实性时，他是正确的。出于这个原因，所有的经验知识都是可错的，对*可论证的*关于世界的知识的追求必定是徒劳的。然而，尽管在理性上，我们没有理由认为一个理论为真，但我们有理由认为它为假：

> 因此，我们可以说：休谟的否定结论是正确的，不存在有逻辑上有效的肯定论点能够引向归纳的方向。但是还有一个更加否定的结果，存在逻辑上有效的否定论点，能够引向归纳的方向：*反例可*

> *以反驳规律*……但是，第二个关于反例的力量的否定结论并没有排除下述积极理论的可能性，即通过纯粹理性的论证，我们可以*提出*一些相互竞争的猜想。（*PS*：111）

我们可以合理地得出这样的结论：那些对宇宙做出大胆的、广泛的猜想并经受了严格证伪的理论，比未经检验的理论更好（*LScD*：112–135；*OK*：1–31）。因此，波普尔认为，唯一能够称为科学的理论是那些容易被证伪的理论，而且越容易被证伪越好。

对于③*反形而上学*，波普尔认为，形而上学的思辨尽管是不可证伪 28
的，但仍可以得到理性的批判（*CR*：193–200）。事实上，波普尔并不是形而上学话语的反对者，他在晚年投入了大量的时间和精力来发展有利于形而上学理论的详细论证。他辩护的形而上学说包含自由意志、非决定论、科学实在论，以及他关于抽象和自主思想的本体论范围的理论——他称为“世界 3”理论。[4]此外，波普尔认为，所有的科学理论包含不能清除的形而上学元素，虽然他没有鼓励，尽可能地消除它们，以便使得理论可检验（*RAS*：179）。此外，波普尔主张，明显没有可检验结果的形而上学理论，将来有一天可能会变成可检验的。他以原子理论为例，起初德谟克利特（Democritus）首次提出时，它是不可证伪的形而上学猜想（*OSE II*：299）。波普尔也可能把古希腊关于行星和恒星组成的理论描述为形而上学的理论，后来当科学技术发展到可以测试它们时，它们就变成了科学的。当然，一旦一个理论成为可检验的，在定义上它就不再是形而上学的了。然而，波普尔承认，许多形而上学的问题很可能永远如此，如他心问题、决定论与非决定论的争论。

但是，考虑到其定义是不能被经验证据证伪的，那么我们如何评价形而上学理论的有效性呢？波普尔认为，虽然形而上学的猜想是不可证伪的，但他们仍然可以受到批判性讨论。他声称，我们应该选择更符合确证知识、比其他理论更好地解决问题，并为相关问题（证明是“富有成果的”）提供解决方案的理论（*CR*：199）。但是，如果不能用逻辑分析或经验证据作为评判，我们如何评估形而上学理论是否能够比其竞争对手更好地解决问题？波普尔在这一点上是模糊的，但他评估形而上学理论标准类似于评估文本或历史解释的说服力所使用的标准。虽然波普尔本人并没有明确提出这一要求，但他在《开放社会及其敌人》中基本就是这么做的。在谈及他对柏拉图的解释时，波普尔说，他没有

> 声称［他的解释］方法具有科学地位，因为对历史解释的检验永远不可能像普通的［科学］假设那样严格。这种解释主要是*一种观点*，它的价值在于它的丰富，它能够阐明历史材料，引导我们找到新的材料，帮助我们统一它，并将之合理化。（*OSE* Ⅰ：171；波普尔的斜体）

对好的解释和好的形而上学的优点的描述之间的这种对比是显而
29 易见的。最重要的是，无论是解释还是形而上学理论都不能被经验证据证伪（这并不是说，经验证据对重构历史事件或文本而言不重要）。通过指出，评估对小说中特定篇章的解释之有效性，一般说来，需要评估它是否与整体主题或小说的语境，以及小说创作的社会语境相符合，我会对这一比较进行详细阐述。反过来，评估小说的整体主题需要解释构成它的单个段落。因此，这种模式在某种程度上是循环的，即所谓的解释学循环（hermeneutic circle）。不同于科学研究，我们没有办法打破这种循环，来解释所谓的超越人类判断的事物，即经验证据。但是，尽管我们缺乏这样一种文本解释的外部参照点，但很难得出这样的结论：对一个文本的所有解释都完全是任意的，或者任何解释都和下一个解释一样好。同样，尽管形而上学理论永远不能被完全证伪，更不用说证实，但我们可以说，一些形而上学理论似乎更合理，更符合其他知识。缺乏证伪性绝不会使得形而上学毫无意义，正如实证主义者主张的那样。我

在第三章中指出，情境模型的可证伪性介于科学理论的经验检验和对文本的解释之间。在某种程度上，这源于情境模型无法产生准确的预测，而这又源于社会世界和人类心理学中缺乏似规律（lawlike）的规则性。

第三节　波普尔的形而上学和科学实在论

波普尔所接受的形而上学理论是实在论；因此，他反对前文提到的七个原则中的④，*反实在论*和其中隐含的工具主义（*OK*：37-44；*RAS*：80-88；*SIB*：9-10）。波普尔在辩护实在论时，经常关注大多没有什么争议的观点：我们日常经验的对象是真实的，在某种程度上引起了我们的经验，而非我们心灵的创造物（唯心主义）。波普尔将这种常识方法称为“形而上学的实在论”。他承认，形而上学的实在论既不能通过经验研究加以证实或证伪，也不能通过逻辑论证加以决定性的确证。任何证实下述断言——“在那之外”存在一个真实的世界——的可能证据，总是可以被下述主张反驳，即证据本身只是一个梦而已。尽管如此，波普尔还是认为，形而上学的实在论比唯心主义更为合理。波普尔引用温斯顿·丘吉尔（Winston Churchill）的一个论证来反对唯心主义，他指出，我们的感官不是我们通往外部世界的唯一出口。丘吉尔认为，人们可以使用装有感觉装置的机器，独立地验证外部世界中某些物理对象的存在，如太阳（*OK*：43-44）。不过，波普尔承认，有些人可能会声称，机器本身是 30
一个梦或人类心灵的产物。波普尔承认这一反对实在论的论点是“愚蠢的，”但他也承认，它是无法被证伪的（*OK*：43-44）。为了反对唯心主义最极端的形式，即唯我论，波普尔提出了以下论点。他认为，他体验过许多令人惊讶的创造物，他根本想象不到它们可以被创造出来——巴赫的音乐作品和莎士比亚的戏剧，甚至卡通插图和电视广告（*RAS*：83；*OK*：41）。唯我论的意思是，他的心灵以某种方式在潜意识里产生这样的创造物—— 一个极为奇异和不可能的结果，此外，"这种结果实际上是狂妄自大的"（*OK*：41）。不过，他承认，唯我论仍然是不能经验证伪的，同时它也不是明显的错误。

对我们的关注而言更重要的是，波普尔也接受了科学实在论的观点——不可观察的理论实体、结构和一些科学理论所描述的力量可能是实在的，而不仅仅是有用的功能，帮助科学家来组织现象（*SIB*：10）。对波普尔来说，科学的目的是产生出对世界更好的说明，而不仅仅是产生出更大的预测力。

> 如果我们不是实在论者，那么这一事业是难以理解的。令人满意的说明不是*特定的*说明；这一观念——独立证据的观点——如果没有发现的观念和向深层说明发展的观念：没有"存在着许多事物等着我们去发现，去批判性探讨"的观念，是很难理解的。（*OK*：203）

然而，由于所有知识都具有猜想的性质，所以，对科学理论中描述的任何实体或力量，我们最多可以说，它*可能是*实在的，其实在性取决于它所涉及的理论是否为真。但是，我们永远无法肯定理论的真假。因此波普尔认为，我们永远无法确定，特定的理论实体是否是实在的。然而，在波普尔看来，我们的理论在被证伪或证实时，它们就会面临实在性的问题。

波普尔的知识猜想理论使得断言的科学实在论，对实证主义者而言更加确定——尽管更为不重要了。正如我们看到的，实证主义者声称，关于世界的知识是通过感官获得的，因此他们往往认为感官数据作为最基本的知识类型——在早期的极端形式的实证主义中，是关于世界的知识的*唯一*类型。因此，这样一种知识的层级产生于这样一个观点：宏观世界，可观察到的日常经验世界，成了"什么是实在的"的范式，而不可观察的理论结构的实在性变得不确定了。但对波普尔而言，这种观点立足于一个错误的区别：*所有的*知识都是猜测的和依赖理论的，无论是日常世界的知识还是不可观察的微观物理世界的知识。理论和猜想必须从最广义上得到理解，包括通过进化获得的先天期望和直觉，以及抽象 31
的物理学理论。甚至我们对日常世界最简单的观察都包含积极的推想过程，而非被动的数据接收。他指出，例如，

> 对眼睛和大脑的神经生理学研究表明，物理视觉中涉及的过程不是消极的，而是由对编码输入的主动解释所构成的。它在很多方面类似于通过假设解决问题（甚至输入也已经被接收的感官部分地解释了，并且我们的感官本身就好比假设或理论——关于我们环境结构的理论和关于那种我们最需要且最重要的信息的理论）。（*SIB*：45）

此外，就像抽象的科学理论一样，先天的预见也有可能是错误的。当然，这种预见通常至少是对真相的近似，否则它们将通过自然选择从人群中消失。例如，婴儿似乎天生就有大量关于物理世界的直觉，这些直觉对日常生活是有用的，但它们充其量只是粗略地近似于当代物理学的标准或牛顿物理学所判断的真理（Pinker，1997：319–320）。例如，对动量和高空坠物的天生直觉，必须通过科学训练加以纠正。我们甚至可以把科学描述为改善甚至取代我们对世界的直觉的事业。波普尔说，康德是正确的，他认为我们必定要将范畴和结构加于我们的世界，但他却错误地以为，这些加上来的东西具有先验的有效性，并且无法超越（*RAS*：152–155）。因此，对波普尔而言，我们关于微观物理领域的理论知识与我们关于可观察的宏观世界的知识具有连续性。我们*所有的*知识都是猜想的，可能是假的，并且可以改进。

考虑到所有的知识都有猜想的和负载理论的性质，那么，我们能够建立什么样的标准来确定，我们在称某物为“实在的”时是否正当？波

普尔提出两个标准。第一个标准是绝对实在的事物的功效（efficacy）。[5] 物质世界是实在的范式，所以任何能影响物质的东西都是实在的。但是常识告诉我们，精神事件——痛苦、情绪、思想——也是实在的，所以任何影响它们的东西也都应该被认为是实在的（*OU*：117）。实在性的第二标准是理论实体的存在的独立确证，——或者，如波普尔所说，“如果［实体］确实存在，我们会预期发现这样的效果”（*SIB*：10；也见于 *OU*：116）。两个标准都满足更好，但第一个标准的功效足以保证将某事物称为实在的。因此，对波普尔来说，理论实体和力量，甚至抽象概念都是实在的候选，就像日常经验的对象一样。爱因斯坦的布朗运动理论假设在一定的实验条件下，不可观察的理论实体（原子）会导致可观
32 察对象（在液体中悬浮的微小颗粒）移动。这一实验取得了成功，它满足了波普尔关于实在性的两个标准；因此，原子是实在的（*SIB*：9）。此外，尽管波普尔承认，可能由于我们早期的童年经验，物质实体形成了我们的“实在范式”，但是我们不应该承认，“物质事物在任何意义上都是‘最终的’”（*SIB*：9）。现代物理学告诉我们，物质事物在某些情况下可能“被解释为非常特殊的物理过程”（*SIB*：9）。

但我在这里要强调的是，因为波普尔声称，某些理论实体如原子或中微子是实在的，所以我们没有完全描述这些实体。波普尔认为，好的科学理论更接近真理（它们有更大的“逼真性”），但任何理论都无法产生最终的解释，其真值直观明显，且不需要进一步精致的解释（*OK*：194-195）。波普尔反对这样的“本质主义”（*OK*：194-195）。他说，科学确实在“深入探索世界的结构”，但科学是没有止境的；科学的任务在不断地更新（*OK*：196）。对任何特定理论所描述的现象，我们总是可以追寻更深、“更本质”的解释（*OK*：196）。而且，因为证实——或证伪—— 一个理论是不可能的，即使我们对某些现象确实产生出一个完整的、详尽的、不可还原的解释，我们也没有办法知道，这个理论在实际

上是完美的和最终的。像原子这样的理论实体有一天可能会被一个更丰富、更深入地解释了微观世界的理论所取代。但无论如何，旧的原子理论描述了实在，且这一描述说明了原子论至今所产生的预测力，尽管该描述不尽完美。

第四节　实在论、世界 3 和社会研究

波普尔的实在论与社会研究有什么关联？这是一个重要的问题，虽然在关于波普尔的文献中几乎没有被探讨过。这是很不幸的，因为充分地了解波普尔的社会科学思想，包括情境分析，需要了解他的实在论。特别是，要充分理解波普尔的实在论与他对社会科学的理解之间的联系，我们需要考虑波普尔的世界 3 理论。这是波普尔对本体论高度独创性的贡献，他于 20 世纪 60 年代开始在《没有认识主体的认识论》（*Epistemology Without a Knowing Subject*）和《关于客观精神的理论》（*On the Theory of Objective Mind*）等文章中发展这一理论（*OK*：106-190）。他在《自我及其大脑》中进一步发展了这一多元本体论，该书于 1977 年出版，考察了身心问题。在探讨它与社会研究的关系之前，我们需要简要介绍波普尔的理论。

波普尔声称，世界可以被划分为“至少三个本体上不同的子世界”，他称之为“世界 1、世界 2 和世界 3”（*OK*：154）。世界 1 和世界 2 分别对应传统身心二元论中的身体和心灵。也就是说，世界 1 代表物质世界， 33
世界 2 是主观心理状态的领域。像其他身心二元论的倡导者一样，波普尔认为世界 2 是一个不可还原的、非物质的、自主的领域。然而，波普尔并不是一个身心二元论者——他是一个本体论多元主义者。他认为，在物质世界和主观经验世界之外存在着第三个本体论领域。这就是波普尔的世界 3，他对它进行了各种不同的描述：“*思想的客观内容*的世界”

“对人类心灵产物的世界”和“纯概念性的*或客观意义的思想的世界*”（*OK*：107，155；*SIB*：38；波普尔的斜体）。波普尔认为，这个世界包括“故事、解释性神话、工具、科学理论（不论真假）、科学问题、社会制度和艺术作品”（*SIB*：38）。

在假定世界 3 时，波普尔有另一个本体论者——柏拉图——的陪伴。具体地说（正如波普尔本人所强调的），世界 3 在某种程度上类似于柏拉图的形式（forms）。与形式一样，世界 3 的对象是实在的、自主的实体，在人类认知中起核心作用。柏拉图认为，人天生就有一种理智的直觉，这种直觉使他们能够“看到”形式（不管多么模糊），他们用这种能力做出理智的判断。事实上，哲学可以说是学习去更好地看到形式的任务。同样，波普尔认为，人们在很大程度上是通过“把握”世界 3 的实体来思考的，比如，他们试图通过思考科学理论来解决问题（*SIB*：43）。

然而，形式和世界 3 之间有着重要的区别。柏拉图认为形式在起源上是永恒的、不变的、神圣的，与之不同，波普尔的世界 3 纯粹是一种人类构造。但是波普尔认为，尽管他们来源于人类，但一旦世界 3 的实体被创造出来，它们就拥有了自己的生命——它们是“自主的”，即世界 3 的对象是我们的宇宙独立和客观的特点，它们会继续存在，无论是否有人会在任何特定的时刻思考一个特定的世界 3 对象：“[一本] 书仍是一本书———种特定的产品——即使它从为被人们读过。”（*OK*，115）波普尔的意思是，包含在这本书中的客观知识，如一系列的数学公式，继续存在并且继续保留影响人类（或其他智能生物）意识的潜力，无论它是否被人读过。此外，波普尔主张，世界 3 的对象的创造通常会在世界 3 领域中产生新的、意料之外的问题和事实，最初可能并不明显。例如，波普尔认为，自然数是人类创造的，然而，有了这项发明，“甚至在任何人注意到这一事实，或引起人们的注意之前，就出现了奇数甚至偶数”（*SIB*：41）。自然数的创造也带来了质数，而这又创造了一个新的世界 3 问题，即是否有无限多的质数（*OK*：118）。自然数被发明之后，很久人们才注意到这个问题，又过了很多年这个问题才得以解决。最后，波普尔指出，世界 3 既包含假的也包含真的关于世界的理论，不同于 34
柏拉图的形式，形式是陆地世界中不完美的观念和对象的完美且精致的典范。

现在，正如我们在上面看到的，波普尔认为，物质对象的功效是将之称为“实在的”的充分条件。事实上，在波普尔看来，世界 3 是实在的，仅仅是因为它通过世界 2 影响着世界 1（*SIB*：38）：“[我] 与世界 1 的相互作用——尽管是间接的相互作用——我将此视为将某事物称为实在的决定性原因”（*SIB*：38）。例如，当一个人把握或试图把握世界 3 的对象——如科学理论——时，科学理论影响着他的心理状态（世界 2），而这又可能影响物理世界（世界 1）。例如，电气工程师可能会研究一种物理学理论来帮助他构造一种新型的计算机芯片。因此，他与世界 3 理论的相互作用，通过世界 2 的媒介，导致了世界 1 的改变，即新型计算机芯片的产生。我们也可以说，世界 3 仅仅通过改变工程师的大脑状态影响了世界 1。但是，根据波普尔的理论，这种相互作用在世界 2 作为媒介的情况下将会发生，通过世界 2，世界 1 得到改变。也就是说，把握世界 3 的对象会改变个体的主观心理状态（世界 2），而这又会导致人的大脑状态的改变。最后，这一点与波普尔的下述立场相一致，即理论对工程师心理状态的影响足以说明世界 3 的实在性，尽管没有它对世界 1 的功效那么具有决定性，但这仅仅是因为世界 2 的实在性没有受到普遍承认。

如上所述，世界 3 不只是包含科学和数学理论，它也包括社会制度、传统、语言和价值观，因此波普尔的理论对其社会科学哲学有着明显的相关性。正如我们在第一章中看到的，波普尔的方法论个体主义完全不要求社会制度还原为关于个体的事实；相反，它仅仅是禁止赋予整体实体以意图、欲望和信念。现在我们还可以说，对波普尔来说，在极为粗略的意义下社会制度必须被认为是实在的，即它们影响个体及其身心。[6]这种影响对理解情境分析来说明显十分重要。

我们现在重新回到第一章中讨论的行人理查德的例子，波普尔用这个例子来描述情境模型的元素。回想一下理查德在试图穿越街道时面临的社会制度及物理障碍。波普尔认为，社会制度可能包括“道路规则、警察条例、交通信号、斑马线”，理查德遇到的物理障碍包括停放的汽车、移动的汽车和其他人（*MF*：167）。波普尔指出，一些社会制度，如斑马线和交通信号灯，包含在物理对象中，而其他的“则是具有更抽象的性质”，如交通规则（*MF*：167）。根据我们上面的讨论，理查德遇
35 到的这些社会制度和物理对象现在可以分别被描述为世界 3 和世界 1 的实体。1963 年，波普尔本人在对行人理查德的探讨中，并不是这样描述它们的，但这显然与他后来的多元本体论一致。我们也可以说，交通锥和隔离带是实在的，在同样的意义下，理查德遇到的世界 3 的实体是实在。社会制度影响着理查德的行为，就像物理对象一样。波普尔认为，具体而言，社会制度和物理对象作为障碍会影响理查德的行为。事实上，波普尔主张，理查德可能要体验交通规则和其他抽象的社会制度，

> 就好像它们是障碍物，汽车等物理对象或守恒定律等物理定律（禁例）适用于移动的汽车。事实上，我建议使用“社会制度”这个词来指代所有这种事物，它们为我们的活动或行动设置限制或障碍，就好像它们是物理对象或障碍物一样。我们所体验的社会制度几乎成了我们居住地必备的一部分设置。（*MF*：167）

这一段话中有一点小的矛盾之处应该注意。起初波普尔把理查德对社会制度的体验描述为“完全”像对物理障碍的体验一样，但后来又说这种体验“差不多”是一样的。尽管如此，波普尔提出了一个解释，符

合他关于世界 3 的实在性的论点。作为障碍，社会制度影响着理查德的行为，因此，它们是实在的。社会制度是抽象的实体，而不是物理对象，这一事实绝不会改变它们的实在性。对波普尔来说，抽象实体可以和物理实体一样实在："世界 3 的对象是抽象的（甚至比物理力更抽象），但确实是实在的。"（*SIB*：47）

然而，波普尔对社会制度作为障碍的解释似乎是不完整的，也是有问题的。不完整是因为他没有确切地说，对社会制度作为障碍物是如何起作用地给出回答。有问题是因为把社会制度描述为障碍似乎太过狭窄，因为人们使用世界 3 实体解决问题、创造艺术作品、与他人交流等其他语境中，波普尔的解释是粗略的。在下面的段落中，我想尝试修补这些缺点。首先，我将尝试着对"制度作为障碍如何起作用"进行更深刻的理解，而这种理解与波普尔的情境分析及他的总体哲学相一致。其次，我将指出，波普尔如何将社会制度描述为世界 3 实体，既能激活又能制约情境行动者，正如物理对象可以激活和限制人类行动一样。

首先，我们可以来提问，当波普尔声称社会制度是障碍时，他究竟是什么意思（*SIB*：47）。对这种说法的一种可能解释是，一些社会制度如道路规则在我们的头脑中根深蒂固，使我们习惯性地甚至下意识地避免采取某些行动。也就是说，它们起着心理障碍的作用。从这个角度看， 36
当信号灯表示"禁止通行"时，理查德拒绝走出人行横道或拒绝过马路，并不是因为他认为这样的行为可能会有危险、引发公众不满或产生一些其他的"成本"；相反，他不假思索地遵守交通规则。现在，这无疑对一些社会制度作为指导我们生活的背景规则来发挥作用的方式的合理描述。这似乎是对世界 3 实体作为规范的恰当描述，因为规范常常是内化的。事实上，内在化是社会科学家有时用来区分社会制度和社会规范的一个标准（Elster，1989：147）。从这个角度看，社会制度依赖于正式处罚——如罚款、惩罚或开除团体——来影响行为。相反，即使规范的违反不会被发现，内化了规范的人们也会遵循。例如，即使周围没有人观察他的行为，他也会选择不乱扔垃圾。规范可能是根深蒂固的，人们以完全潜意识和自动的方式在遵循着它。

但波普尔似乎不太可能想要，或接受这种对社会制度发挥障碍作用的理解。第一，它似乎与波普尔的反心理主义相矛盾；第二，当它被应用于社会制度而非规范时，失去了合理性。我们来回想一下，波普尔发展情境分析的目标之一是清除对行为者心理学假设的社会说明。但这种理解表明，波普尔不由自主地走入了心理学。通过将规范描述为内在化的倾向，我们似乎是在描述一个行为者的主观状态，即一个世界 2 实体。然而，必须强调的是，将规范纳入情境分析本身并没有错。事实上，在第四章中，我们将看到包容规范的开放性是情境分析区别于理性选择理论的一种方式。但要与波普尔的反心理主义一致，规范必须被理解为外在的东西，行为者有意识地注意并且合理地回应它，而不是一种根深蒂固的心理倾向。正如波普尔所说的，“在情境分析中，有特定的记忆和关联人就成了这样一个人，他的情境有这样的特点，他客观上具有特定的理论或具体的信息”（*ISBW*：79）。无论如何，即使规范和一些社会规则（如道路规则）可以被理解为根深蒂固的心理倾向，但我们当然不可能以这种方式看待*所有的*社会制度。当然，人们主要体验了诸如市场、政府组织和学校这样的制度，它们是相互作用和操纵的外部实体，而不是内在化的倾向。

那么我们如何以一种与波普尔的反心理主义一致的方式，概念化作为障碍的社会制度和规范？这似乎就要求我们，在行为者与社会制度的
37 相互作用中，将能动性归因于行为者。社会制度必须被理解为外在于行为者，并且是行为者以“与科学家使用理论解决问题相同的”方式，自觉与之相互作用（或至少接受它）的实体。想象一下，道路规则包括“不要在信号灯表示‘禁止通行’的时候横穿马路”的禁令。理查德可以以

工具主义的（instrumental）方式来回应这条规则。他把握了这条规则，权衡了遵守它的潜在成本和收益，最后选择遵循它。忽视它的潜在成本可能包括被迎面而来的汽车撞到、被罚款或被当众羞辱。在这一案例中，接受它的好处也许仅仅是避免了潜在的成本。然而，理查德的计算不需要是工具主义的。他可能会认为跨越障碍是一种选择，但他不应该这样做，也许是因为他有责任遵守法律。在第四章中，我们将看到，公民出于责任感而不是工具主义计算的结果而投票，这符合波普尔的合理性原则。请注意，在这两个例子中，社会制度并不是作为严格禁止某些行动过程的障碍，有时是物理障碍（尤其是自然法则）而发挥作用的；相反，它们使得某些行为更具吸引力。这种社会制度的概念也不意味着对理查德的行为的严格决定。理查德的行为肯定受到道路规则的*影响*，因此我们可以说，按照波普尔的标准，它们是实在的。如果他理性地或“充分地”行为，他将会遵守规则。但没有什么可以阻止他愉快地无视规则，就像他可能会忽略一些物理障碍，如迎面而来的汽车，尽管如果他活着，他显然会后悔这样做。波普尔承认，人们并不总是理性地行为，即他们的行为有时会违背他们自己的目标和信念。用波普尔的例子，一个慌张的司机继续在已知已经停满车的停车场内疯狂地寻找停车位时，会不理智地行为他继续疯狂地寻找停车位（*MF*：172）。因此，我们不能说个体行动是严格由他们的世界 3 环境所决定的。

虽然比较合理，但这样理解波普尔的社会制度作为障碍的观念，是对人与社会制度之间相互作用的一种极为限制性的理解。我们首先要指出，波普尔本人也没有将其他的世界 3 实体如科学理论，设想为人类行动的障碍——或*仅仅*作为行动的障碍。波普尔认为，就科学理论组织经验，从而探索自然的意义而言，科学理论能够使人类行动成为可能。正如我们已经看到的，对波普尔而言，没有预期就没有经验这样的事物，预期可以由所有事物提供，从动物的本能到完善的科学理论。科学理论——和非科学的理论——都是世界 3 的工具，我们用它们来探索我们的世界。使用它们的方式可能与物理工具不同，如显微镜和射电望远镜。但是，同样正确的是，科学理论也起着阻碍的作用。它们可能会使我们
38 看不到某些经验，或引导我们错误地解释这些经验。在《客观知识》中，波普尔关于伽利略反对下述理论的探讨，即月球影响潮汐，为理论如何使科学家无法看到对现象的替代性说明，提供了一个很好的例子（*OK*：170-176）。波普尔认为，伽利略反对现在普遍接受的月球运动理论，因为他坚持哥白尼的循环行星轨道理论。而他坚持哥白尼的理论，是因为他本人发现的两个物理规律——惯性和角动量守恒显然可以解释这一理论。但是对这一理论的坚持蒙蔽了伽利略，使他看不到强有力地证实了月亮周期和潮汐之间关联的科学证据。当然，伽利略的情况并没有什么特殊之处；所有的科学理论都会既发挥制约作用，又发挥促进作用。它们必然会封闭对数据的某些解释，而为另一些开辟道路。

制约和促进的力量也是其他世界 3 实体的属性，如音乐和艺术传统。波普尔很恰当地将这些资源视为创造性的辅助物，例如，艺术家或音乐家在创作作品时使用的某种传统（*OU*：128）。传统可以说通过为展示提供指引，并且产生创造性所必需的基本张力，而促进了音乐家或艺术家的发展。但与此同时，传统阻碍了艺术探索的可能路径。在评论贝多芬的创造力和音乐传统时，波普尔说：

> 作为作曲家，[贝多芬] 自由地服从于世界 3 的结构限制。自主的世界 3 是这样一个世界，贝多芬在这样的世界中创造了他伟大和真正的发现，他可以自由地选择自己的道路，就像喜马拉雅山上的发现者一样，但他受制于迄今所选择的道路和他所发现的世界。（*OU*：128）

因此，鉴于波普尔坚持科学、艺术和音乐理论具有制约和激发

（enabling）力量，为什么我们不能同样来理解学校、银行系统、法律法
规和教会等社会制度呢？波普尔声称社会制度可以发挥障碍的作用，这
是正确的，但从什么意义上说，它们能够起到激发行动的作用呢？波普
尔的观念，即科学本身是一种社会制度，为此提供了答案。对波普尔来
说，由单独的个体所指导的科学是根本不可能的（*OSE Ⅱ*：219–220）。
科学本质上是一个公共事业，它需要科学家共同体，每个成员都致力于
批判性审视其他科学家的理论。如果没有这样的公众审视，科学就不能
进步，因为没有人能预见所有的缺陷、误解、偏见和他自己的理论缺陷。
事实上，波普尔强调，科学的客观性并不存在于科学研究者的主观状态，
即在这种状态中，科学家已清除了他的所有先入为主的思想（*OSE Ⅱ*：
219–220）。更确切地说，客观性取决于科学研究的公共性。而这一点在
某种程度上又依赖于特定规范的存在，或波普尔所谓的科学家之间“友
好–敌对”（friendly-hostile）的态度（*OSE Ⅱ*：217）。[7]科学家必须相信， 39
公开批评对方并受到这种批判是合理的。[8] 社会制度如学术期刊和学术
会议，以及宽松的政治环境，也有助于公众批评。波普尔认为，如果没
有这样的规范和制度，要产生真正的科学发现几乎是“奇迹”（*OSE Ⅱ*：
219）。如果我们要建立科学家（无论是真正的科学家还是典型的科学家）
面临的情境模型，激发批评的友好–敌对规范和制度肯定会成为科学家
世界 3 环境的一部分。很明显，这些规范和制度应该被理解为，促使科
学家进行自己的研究，而非发挥障碍的作用。

科学实践的例子表明，社会制度可能推动某些类型的活动，而不会发挥障碍的作用，但在更深刻且更重要的意义下，社会制度可以激发某些行动发生。这涉及无数的情况，社会机构实际上创造了某种行动的可能性。以这种行动和制度之间的关系为例，我们来考虑民主国家中投票的做法。这种行动取决于特定制度的存在，也许最明显的是议会选举制度，它使公民能够参与代表的选举。但是，与科学研究不同，议会选举

制度发挥激发作用并不是通过促进某些行动，而是通过创造某些行动的可能性，即投票行为。议会制度和选举的建立确实赋予公民非民主制度中缺失的权力。除了某些民主制度的存在之外，投票的概念，由此而来投票的能力，是不会存在的。顺便说一句，罗伊·巴斯卡（Roy Bhaskar）、威廉·乌思怀特（William Outhwaite）等社会科学实在论者，以及杰弗里·艾萨克（Jeffery Isaac）等理论家也强调这一点，这些理论家看到了自然科学和社会科学中实在论的连续性。例如，艾萨克发展了他所谓的权力的实在论理论，其中权力被概念化为制度作用提供给人们的能力。他将“社会权力”定义为“*社会行动者由于他们参与其中的长久关系，而拥有的行为能力*”（Isaac，1992：47；艾萨克的斜体）。例如，资本主义制度中的资本家能够购买劳动力，工人能够出卖劳动力。教师能够打分，学生能够上课，并且在课程结束时评价老师。没有创造资本家/工人和教师/学生范畴的社会制度和社会角色，这样的“能力”就不存在了。这一观点在我看来完全符合波普尔对行动者和世界3实体之间相互作用的理解。同时，波普尔和艾萨克等社会科学实在论者之间的相似点，进一步证实了我们在本章前面的发现，即波普尔的实在论适用于他对社会
40 及自然科学的理解。[9] 这是一个有点讽刺的发现，因为艾萨克、巴斯卡和乌思怀特都将波普尔视为他们反对的还原主义、实证主义社会科学的代表。

因此，就像物理对象一样，社会制度可以被理解为既激发又制约人类行动的实体。砖墙可以阻止一个人的运动，锤子或显微镜却可以激发人们去从事某些活动，如建造房屋或观察微小生物。同样，社会制度可能会阻止某些行为，但它们也会促进某些行为，而且往往会创造某些行动的可能性。因此，波普尔仅仅将社会制度定义为障碍，这一点必须予以否定。相反，社会制度应被视为既发挥制约作用，又发挥激发的作用。令人高兴的是，这种对社会制度的扩展性理解完全符合波普尔的情境分

析和他的世界 3 本体论。

总　结

本章表明，如果我们想理解情境分析，那么波普尔的世界 3 实体必须被视为实在的。尤其是，在情境分析中行为者所面对的社会制度、实践、规范、传统和其他世界 3 实体应被视为实在的，因为它们会影响人类行为。然而，波普尔的“社会制度只能发挥阻碍作用”这一看法并不恰当。社会制度及其他世界 3 实体，如科学和艺术理论，可能既激发又制约人类行动。

无论多么微小，本章的一个附属目标是为我们理解波普尔的全部哲学，包括他对自然科学和形而上学的看法做出贡献。考虑到他对证实论实证主义、素朴的经验主义和反形而上学学说的反对，我希望，我至少已经准确地阐明了为什么不应该把波普尔视为实证主义者。我希望证明波普尔在这些学说上的立场与其社会科学有关。在下一章中，我们将通过考察波普尔与实证主义的其他三条原则的对抗，继续增进对情境分析的理解。

41 第三章　社会规律、科学方法的统一与情境分析

在本章中，我们将再次使用波普尔对作为我们的指导的实证主义的各方面的回应，继续探索他的宽泛哲学及其情境分析的影响。我们将专注于我所指出的实证主义的其他关键原则——对因果性的怀疑论、说明的覆盖律模型和科学方法的统一。我们的主要发现涉及社会世界中似规律的规则性（regularity）和科学方法的统一。我们会发现，尽管与波普尔的主张（尤其是他早先的主张）恰恰相反，但规律在他的社会科学中基本上没有发挥说明的作用。此外，他认为，自然科学和社会科学的方法基本相同，只有在它们的方法论被以极为抽象的方式进行描述时，这一观点才被证明是有道理的。当更具体、更严格的标准被赋予科学方法时，重要的差异仍旧存在于自然和社会研究之间。我们将要看到，最重要的区别是可证伪性——以及由此而带来的情境分析的实践。

第一节　因果关系、覆盖律和实在论

波普尔所写的大部分内容似乎与前一章中指出的实证主义的第五个原则完全不一致，即*对原因的怀疑论态度*。例如，他驳斥了这样一个说法："科学的目的仅仅是建立观察到的事件或观察（或更糟的是，感知数据）之间的相关性。"（*MF*：105）波普尔认为，科学的真正目标是

发现“日常经验世界背后的新世界。比如，微观或亚微观世界——引力、化学、电气和核力，它们中的一些或许可以继续还原，而另一些则不能。”（*MF*：105）这一主张与他对归纳法和朴素的经验主义的批判一致。事实上，这只是对他的实在论的重述——科学试图发现日常经验世界背后实在的结构、力量和实体。它还表达了一种实在论的因果关系概念，因 42
为科学说明需要界定产生各种现象的力量和机制。然而，有趣的是，波普尔也接受了我所指出的实证主义的第六个原则——*说明的覆盖律模型*，从第一次检验来看，他的因果说明概念似乎等同于“标准”的实证主义解释（*LScD*：59–62；*PH*：122–124；*RAS*：131–147）。根据卡尔·亨普尔——此模型发展过程中的核心人物——的说法，科学说明“可以被理解为把初始条件和普遍规律当作前提的一种演绎论证”（Hempel，1965：336）。同样，在《科学发现的逻辑》中，波普尔宣称“对一个事件进行*因果说明*就是用一个或多个*普遍规律*作为演绎的前提，并结合一定的单称陈述作为*初始条件*，演绎出一个描述它叙述”（*LScD*：59；波普尔的强调）。亨普尔将波普尔列入发展覆盖律模型的主要人物之一，事实上，它有时被称为“波普尔-亨普尔理论”（Hempel，1965：337）。[1] 波普尔也赞同说明和预测是对称的，说明一个事件与预测其发生是一样的（*PH*：124）。实证主义者接受这种对说明和因果关系的解释，因为它将因果性定位于说明的逻辑结构而非自然本身。这样一来，它就规避了确定事件之间“必然联系”的问题，正如休谟所论证的，单凭归纳法不足以揭示事件之间的必然联系。

波普尔最初避开了对本体上的必然性或因果性的探讨。在《科学发现的逻辑》第一次出版时，他指出，覆盖律说明的初始条件“通常被称为‘原因’”、预见描述了我们“通常所谓的‘结果’”，但他补充说，因为考虑到它们是多余的，所以他不会使用这样的术语（*LScD*：60）。然而，他后来修改了自己的立场，虽然人们不得不在其研究的主要文本之外进行一些探索，以揭示这种改变的起因。在《开放社会及其敌人》的脚注和添加到 1959 年版的《科学发现的逻辑》的附录中，波普尔接受了自然必然性的概念，并宣布会果断地使用“原因”一词来描述它（*OSE II*：362-364；*LScD*：421-441）。波普尔通过将普遍规律作为关于“我们的世界的结构特征”的猜想，达到了这种新的立场（*LScD*：432）。因此，他说，“如果普遍的假设为真，那么普遍的假说就假定了下述陈述为真，即 A 是 B 的*原因*”（*OSE II*：363；我的强调）。换言之，如果提议的规律为真（我们永远无法确定这一点），那么它就蕴含了某些自然的或物理的必然的结果。所以在波普尔修改版的覆盖律说明中，在本体上因果性似乎存在于猜想的普遍规律中，而逻辑因果性则存在于特定说明的演绎结构中。因此，因果关系被假设为实在的——必然的——联系，
43 但是，由于所有的知识都具有猜想的性质，所以我们不能肯定地说，所提出的因果解释为真。

然而，这一说法似乎仍与波普尔的实在论有些矛盾。对实证主义者而言，规律中引用的任何不可观察的力量或实体和科学说明的初始条件仅仅是有用的假定，可以帮助科学家组织可观察的现象。但是，正如我们看到的，对波普尔来说，理论实体可能是实在的，而实在论者将因果力归因于结构、理论实体和力量。由此看来，对波普尔来说，*产生*现象的力量、实体或结构——甚至像世界 3 这样的抽象结构，包括普遍的规律，应该有实在的因果关系。总之，大部分实在论者反对因果关系的覆盖律模型。正如伊恩·哈金（Ian Hacking）所指出的，只有在否认或轻视原因、形而上学和理论实体的实证主义框架内，覆盖律模型才有意义（Hacking，1983：44-53）。但对于实在论者而言，正如乌思怀特所说的，“从一般规律进行的可推断性不是一种说明，而只是一种规则性，它通过证明产生规则性的机制的存在和运作而得到说明”（Outhwaite，1987：34）。因此，从实在论的角度来看，覆盖律模型就像实证主义者提供的

一个安慰奖，一种对因果性的二流解释，因为他们相信，在最好的情况下，对因果效力的理论实体和力量的谈论是无法检验的，在最坏的情况下，这些谈论只不过是形而上学的废话。但由于波普尔认为，不可观察的实体、力量和领域可能是实在的，我们可以来了解关于其本质的东西，所以他不需要使用覆盖律这种安慰奖。因此，我认为，覆盖律的说明模型最好被看作波普尔早期哲学的产物，可以与他成熟思想的核心思想分隔开来而不损害它们。因果关系可以依据纯粹的实在论来理解，并与波普尔的自然科学哲学保持一致。然而，在这一章的后面，我将指出，实在论对因果性的理解可能不应该扩展到波普尔的情境分析，至少对人类主体的行动而言不应该。对波普尔来说，人类行动不应被理解为是有因果关系的，至少就它是理性的而言是这样的。

一、波普尔和社会规律

与他对自然科学中规律的解释一样，波普尔关于社会世界中普遍规律的思考，在几年的时间里经历了戏剧性的变化。我们首先来考虑一下波普尔在其早期作品中关于社会规律的谈谈，然后我们再来讨论他关于社会规律的思想是如何随着他对情境分析的发展而转变的。

在《历史决定论的贫困》和《开放社会及其敌人》中，波普尔坚持认为社会研究的目的之一应该是发现社会规律。此外，他相信，社会规律是存在的，甚至将其形容为“社会生活的自然规律”（*OSE* Ⅰ：62；也见于 *OSE* Ⅰ：67-68；*PH*：61-62，97-104）。在《历史决定论的贫困》 44
中，波普尔列举了一些假定的社会规律，它们大多来自经济学（*PH*：62），其中包括“无法在引入农业关税的同时，减少生活成本”“没有通货膨胀，就无法充分就业”。在政治领域中，他引用列举了“不引起反动就无法产生革命”和“不加强反对势力使其在比例上达到改革的范围，就无法引入政治改革”。然而，片刻的反思后我们可以看出，波普尔的“规律”是琐碎的。比如，他关于革命和社会改革的原理，或者仅仅是虚假的；又如，他关于就业与通胀之间关系的猜想。例如，这种关系不必适用于社会主义经济，并且可能不适用于所有可想象到的情境中的资本主义经济。事实上，波普尔的例子并没有满足他本人在别处列举的对普遍规律的要求。这些标准包括，规律必须适用于“任何地方、任何时间”，不容许有例外（*RAS*：134；也见于 *RAS*：66–67，137；*PH*：103；*OSE* Ⅰ：57–58；*LScD*：62）。

波普尔不能提供社会世界中真实的似规律的规则性（regularity）的例子，这并不奇怪。它们可能不存在，而它们不存在的原因有几个。其中最重要的是，社会世界是不断变化的。随着制度、实践和信仰的不断变化，与这些制度和实践相关的规则会改变甚至完全消失。举例来说，我们可以思考，直到最近，主流经济学家都一致认为，美国的失业率不会低于 6%，而不会引发通货膨胀。但 1998～2000 年，美国的失业率徘徊在 4%左右，而通货膨胀则保持在较低的水平，这导致一些经济学家认为，美国已经进入了一种“新经济”。由于电脑和其他技术的创新提高了生产率，经济学家假设，甚至在工人的竞争迫使工资上涨的时候，企业也能够保持价格下降。因此，6%这一假定的最低无通货膨胀的失业率水平从来不像万有引力定律一样是恒常不变的，即不受时间影响的恒常不变。相反，它只是某些制度安排、关于经济的信念和人类知识的副产品。在这种情况下，最低无通货膨胀的失业率水平的变化可能是人类知识增长的结果，特别是那些新的技术创新。重要的是，正如波普尔本人在《历史决定论的贫困》序言中所论证的，人类知识的变化，包括那些改变经济法则（regularity）的变化，是不可预测的（*PH*：vi–viii）。因此，我们无法预测社会规则（regularities）如何因知识的新发展而变化，我们也可能注意到，经济理论本身可能会影响与经济相关的法则。例如，如果美国联邦储备委员会的主席认为，美国已经进入了一种新经济，这

将影响他决定提高还是降低优惠贷款利率，而这又会影响债券价格、就 45
业率和其他经济价值。这种所谓的社会理论的反身性在社会生活中无处不在，但在自然界中却没有类似的现象，即我们关于自然世界的理论并不影响支配它的规律。

波普尔并非没有意识到，社会规则与特定的文化和历史时期有关。事实上，在《历史决定论的贫困》中，他明确地提出了这一主张（*PH*：97-104）。他承认，有些社会规则只适用于某些历史时期，但他声称，首先，自然科学中的情况也是一样的。他指出，自然世界的许多规律都适用于特定的时间和地点。例如，白天的长短，它随着人们距离赤道的远近而变化。甚至太阳系中行星轨道的恒久规律也只限于我们的太阳系。但他指出，这样特定于时间和地点的规律是自然界的一部分，这一事实绝不会妨碍适用于任何时间和地点的真正普遍规律的存在和发现。当然，许多这样的规律已经被发现——牛顿定律是最显而易见的，这些都是自然科学中最珍贵的发现。他接着补充说，

> 我们应该去建构对所有社会时期都很重要的社会学理论。这些时期之间惊人的差异并没有表明这样的规律无法被发现，正如格陵兰岛和克里特岛之间的巨大差异也不能证明，不存在对这两个地区都适用的物理规律。（*PH*：101）

但是，波普尔明显没有提供任何不依赖于时间和地点的社会规律的例子，而他在其他地方提出的假定的规律（如上文所述），显然是依赖于特定时间的社会制度的，或者是自然规律，而非社会规律的例子。例如，他声称历史学家对布鲁诺在火刑柱上死亡的说明依赖于“默认的”规律：“所有生物被置于高温下都会死亡。”（*PH*：145）但这样的规律显然是物理规律，而非社会规律。也许，真正普遍的社会规律在某种程度上不受社会结构（如制度、文化和规范）的变化影响。但波普尔甚至没有提及

这种规律所采用的形式。

波普尔也意识到了社会预测的自反性，并将之称为“俄狄浦斯效应”（*PH*：12-17；*OSE* Ⅰ：22）。这种效应可能会阻碍对未来社会事件的精确预测，但他说，这只会进一步证明他反对历史预测的可能性的论点。为《历史决定论的贫困》奠基的核心论点是知识影响着未来，因为我们不知道我们将来会知道什么，所以我们不能预测未来。俄狄浦斯效应仅仅是另一个可能会影响社会科学中的预测的因素。然而，波普尔显然没
46 有注意到的是，俄狄浦斯效应不仅阻碍着试图预测未来的社会事件，它还有可能破坏社会规则本身。如果关于社会世界的理论，包括假设的社会规律，变成公共知识，它就可能会鼓励采取措施来改变社会的规则性。例如，可以采取措施来反对波普尔关于农业关税和生活成本的“规律”，价格控制是最明显的。这可能会有一些不必要的后果，但它仍有可能改变所谓的规则性。或者，在政治领域，我们来考虑寡头罗伯特·米歇尔斯的“寡头统治铁律”：大众政治运动，无论有多么民主的倾向，在其组织层次都将逐步变成等级制的（Michels，1949）。但如果某些政治组织的成员通过阅读米歇尔斯的《政党》（*Political Parties*）了解了他的铁律，他们可能就会采取措施反对它，也许是通过施加一定的制度改革，旨在确保最大程度地参与到决策和领导职位的频繁替换中。在 1957 年对国际印刷工会的考察中，李普塞特（S. Lipset）等人确定了一些因素，他们认为这些因素说明了工会如何能够抵抗米歇尔斯的“铁律”的影响。这些因素包括工会成员之间利益的相对同质性、失业工会成员之间高度的相互作用、低水平的官僚化，以及工会领袖和大众成员的地位之间相对较小的差异（Lipset et al.，1957：413-418）。工会也可能选择加强民主参与的规范。事实上，正如詹姆斯·法尔所指出的，米歇尔斯本人认为，在工人阶级的运动中，通过采取措施提高党员的思想意识，可能会挫败他的“铁律”（Farr，1987：60）。如果这些措施被证明是成功的，

我们就会有俄狄浦斯效应破坏社会科学揭示的社会规则性的例子。

那么，俄狄浦斯效应在什么方面不会影响社会规律呢？在某种程度上，社会规则依赖于特定制度、文化，或者规范安排的存在——并且在一定程度上，这种规则可以被社会的自反性所破坏——真正似规律的规则（regularities）在社会世界出现的概率极低。然而，由于许多社会关系和制度相对持久，而且由于人类行为在某些情况下是相当一致的，所以某些广泛和长期（但不是普遍的或永恒的）社会规则似乎很可能存在。因此，如果我们稍微放宽对社会规律的定义，我们就可以谈论社会世界的“规律”。这些可能包括许多经济学和政治规律，如米歇尔斯的寡头统治铁律，或许还有上面提到的波普尔关于政治革命的规律。然而，即使允许这种放宽，仍然存在巨大的障碍，阻碍社会科学家确定社会领域中的规则。这些因素包括社会现象的复杂性，以及由于实践或道德原因，进行控制实验的不可能性。在任何情况下，我们都不应该忘记，这一放 47
宽的规律概念按照波普尔的定义来看，完全不能算作规律。至少在他的早期作品中，波普尔对实在的事物是有所要求的。

二、情境分析和社会规律

值得注意的是，波普尔似乎最终放弃了他自己关于社会世界中似规律的规则的实在性的信念。据我所知，他从未承认他在印刷作品中反对社会规律，但在《历史决定论的贫困》和《开放社会及其敌人》之后就消失不见的那些作品中，他提及了社会规律。澳大利亚经济学家科林·西姆金（Colin Simkin），波普尔的朋友和同事，在他 1993 年出版的书《波普尔关于自然科学和社会科学的观点》（*Popper's Views on Natural and Social Science*）中写道，“波普尔怀疑经济学中是否存在普遍规律，因此，在任何的社会科学中都存在普遍规律”（Simkin，1993：112）。然而，西姆金并没有为这种说法提供任何文本证据。他和波普尔是多年的朋友，他关于波普尔的信念的主张似乎基于他对波普尔的个人熟悉。同时，研究波普尔的学者雷夫·钱皮恩（Rafe Champion）声称，在 20 世纪 70 年代早期的非正式探讨中，波普尔承认，他坚信不存在真正的社会规律（与钱皮恩的个人电子邮件通信，2001 年 10 月）。在任何情况下，无论波普尔是否正式否定了他对社会规律的坚信，当我们转向他对社会科学方法论和对情境分析最持久的思考时，我们就会发现规律不发挥说明的作用。事实上，波普尔在讨论情境分析时从来没有提到社会规律。我们还记得在第一章中，波普尔接受了这样一个主张，即他的合理性原则，尽管几乎是空的，但却是假的，虽然它是有用的假话（*MF*：177）。就像驱动太阳系模型的物理规律一样，合理性原则驱动了情境模型。但是合理性原则不能被描述为真正的规律，因为众所周知，它并不是普遍有效的。同样在第一章，我们看到，波普尔否定了心理主义和下述主张，即社会世界的规则可以被还原为“人性的规律，或关于这一点的生物或物理规律”。波普尔说，社会中发现的规则是人们在社会情境中理性行动的结果，他明确地把社会情境描述为一种可变的人类结构[2]：

> 必须承认，我们的社会环境在某种意义上是人造的，它的制度和传统既不是上帝的，也不是自然的，而是人类行动和决定的结果，可以由人类行动和决定*改变*。（*OSE II*：93；作者的强调）

在社会规律依赖于制度和传统的情况下，真正的——永恒的且普遍的——社会规律的出现似乎受到了阻碍。

因此，尽管波普尔早期认为，社会科学应该力图发现似规律的社会
48 规则，但我们似乎有两个合理的波普尔式原因，可以假设真正的社会规律并不存在——合理性原则的虚假性和社会世界的可变性。因为波普尔认为，情境分析是社会科学唯一正确的方法，由此可见，在他看来，这是揭示社会规律的唯一方法（*MF*：166）。因此社会科学没有希望——或

只是纯粹地希望——会发现真正的社会规律。波普尔写道，“如果我关于社会科学及其方法的观点是正确的，那么，社会科学中的说明性理论就不可能为真了”，他似乎接受了这一结论（*MF*：176）。我说“似乎”接受这个结论，是因为波普尔在这段话中没有明确地否定真正的社会规律的实在性。然而，在这段话的语境下，波普尔讨论的是合理性原则的虚假性，他认为，这应该是所有情境模型的核心。合理性原则的虚假性使所有的社会理论都是虚假的。为什么合理性原则是虚假的？因为即使在对此术语最广泛的理解下，个体有时也并不是理智地在行动，即人们有时的行动会违背他们自己的信念和目标，就像前一章提到的慌乱的汽车司机一样。因为合理性原则并不能总是且随时随地对人类行为做出真实的解释，所以它不是真正的规律。因此，由于情境模型所描述的规则（包括政治和经济的“规律”）是由合理性原则所驱动的，所以它们根本不是经验的规律，最好将之理解为有用的分析结构或理想类型。如果这是所谓的经济学定律的话，那么社会科学其他分支中的“规律”就更可能如此。

三、自由意志、社会规律和情境分析

我们还有一个原因可以假设，情境分析与社会规律的存在是相矛盾的，即波普尔相信非决定论，尤其是人的自由意志。

波普尔是非决定论者，也就是说，他相信未来不是由过去严格决定的。他允许宇宙被描述为“部分而非完全被决定的”，他的意思是，依据物理规律，事件依次发生（*OU*：126）。但波普尔认为，“它们的联系有时候也存在着*松动*，其中充满了不可预知的可能的概率性顺序，与我们从轮盘赌、掷骰子、抛硬币或量子力学中了解到的那种顺序相似”（*OU*：126-127；波普尔的斜体）。这种不可预测性并不完全源于我们对因果过程的不完全理解。相反，波普尔谈到了“绝对的偶然性”——存在于宇宙本质中的偶然性（*OU*：125）。这种绝对的偶然性不仅适用于量子力学及其概率定律，而且也适用于其他更普通的物理过程。波普尔
49 写道，“虽然我不认为量子力学仍然是物理学中的最新成就，但我却碰巧相信，它的非决定论从根本上说是正确的。我相信，即使是经典的牛顿力学在原则上是非决定论的”（*OU*：126）。波普尔认为，由于因果关系的*松动*，即使是可以很容易地预测和解释的简单事件——如棒球的轨迹或时钟的运动——也永远不能被无限精确地预测，甚至原则上也无法做到。

这是（足以建立人类自由的）因果关系的松动所引起的物理世界的不确定性吗？不，波普尔回答说，这是“必要的，但是还不够”（*OU*：127）。承认因果过程中的偶然性元素并不能帮助我们理解自由意志，因为“我们想要理解的不仅是我们如何可以*不可预测地或以类似偶然的方式*行动，还有我们如何能够*故意地和理性地*行动”（*OU*：126；波普尔的斜体）。这种松动是因果过程的不可预测本质，它“与一首或好或糟的诗或者提出关于比如说遗传密码的起源的新假说的自由的问题毫无相似之处”（*OU*：126）。波普尔认为，要解释人类自由，首先需要的是“这样的论点，*世界 1 是不完全的*；它能够受到世界 2 的影响；它能够与世界 2 相互作用；或者它在因果关系上对于世界 2 *开放*，因此，又进一步对世界 3 *开放*”（*OU*：126；波普尔的斜体）。在本章的前面，我们回顾了波普尔在《客观知识》和《自我及其大脑》中发展出的关于世界 2 和世界 3 的实在性和因果效力的论点。波普尔在讨论自由意志和非决定论时重述了这些论点，但增加了一种新的观点来支持世界 2 和世界 3 的效力——一个因果关系封闭的世界 1 与充满人类创造的世界是相矛盾的。不管支配世界 1 的规律是严格决定论的，还是说偶然性的元素在这个领域内是允许的，这一点都成立。一方面，如果世界 1 被认为是严格决定论的，并且完全不受人的思想和世界 3 实体的影响，那么人类创造的所有

物理事件和对象——包括莫扎特的音乐、爱因斯坦的理论、莫尼特的绘画和莎士比亚的戏剧（物理事件或对象，而非世界 3 的实体）——可以完全被物理、化学规律说明，而且在宇宙开端时就已经注定了。波普尔认为，决定论意味着："数十亿年前，世界 1 的基本粒子就包含着《荷马史诗》、柏拉图的哲学和贝多芬的交响曲，犹如种子包含着植物。"（*OU*：127）另一方面，如果偶然性的元素允许存在于世界 1 中（但仍不对世界 2 和世界 3 开放），那么情况并没有好转：人类创造性的产物——或人类创造性的*明显*产物——成了"纯偶然性的问题"（*OU*：128）。

那么我们如何说明人类自由呢？波普尔认为，理解三个世界之间的相互作用是说明自由意志的核心。具体来说，他认为人类自由可以部分地被理解为"世界 2 对世界 3 的*因果关系的开放性，反之亦然*"（*OU*： 50
114）。人类做出决定、解决问题、提出假设，并且在某种程度上通过"掌握"和操纵世界 3 实体来创造音乐。波普尔认为，这种相互作用为宇宙引入了真正的新奇，从而导致了"开放的宇宙"，即这种宇宙的未来不是注定的，而是开放的，由于三个世界之间的相互作用，真正的新奇不断被引入。这种开放性为宇宙引入了另一种非决定论的来源，它比松动更有趣、更重要："如果人是自由的，至少部分是自由的，那么自然亦然；物理世界 1 是开放的。"（*OU*：127）。

但波普尔认识到，他对三个世界之间的相互作用的模糊描述绝不是对人类自由一种令人满意的、更不用说完整的解释。他怀疑，对人类自由和创造性的充分理解可能超出了我们的理解。事实上，他把人类大脑和人类自由的出现称为我们宇宙的"第三大奇迹"，另外两个奇迹是生命和动物意识的出现（*OU*：122-123）。他认为，人类可能永远都无法理解这三大现象。

在此，我并不是要评价波普尔关于自由意志与决定论的观点是否具有说服力。就我们的讨论而言重要的是，要考虑他对这些形而上学观点的支持如何影响了他的社会科学哲学，特别是情境分析。很明显，对波普尔来说，处于情境分析核心的人类行为并不是严格由规律决定或支配的。情境模型中的行为者理性地对情境做出了回应，并且我们现在可以说，他们自由地回应了情境。这种自由*以某种方式*产生于行为者的意识心智与他所遇到的世界 3 和世界 1 实体之间的相互关系。对帮助我们预测人们如何行为的许多情境来说，可能存在明显的、合理的（或适当的）回应。但其他情境，尤其是那些涉及艺术和科学领域的创造力的情境，会自然地避开预测。例如，鉴于其问题情境，我们不能预测，爱因斯坦会提出时间和空间是相对的。即便考虑到他以视觉描绘空袭惨状的问题，我们也无法预测毕加索会决定只使用灰色阴影来画《格尔尼卡》。这些都是创造性行为（实际上是天才的创造性行为）。这并不是说，情境分析和合理性原则不能帮助我们理解科学家和艺术家的行动和想法。相反，正如波普尔在《客观知识》中所说的，情境分析可以帮助我们理解，为什么某些艺术家和科学家会反对或接受某些理论（*OK*：170–177）。例如，回到第二章中探讨的波普尔对伽利略的潮汐理论的说明，波普尔认为，我们需要了解伽利略的问题情境，以便理解他为什么反对月球影响地球潮汐的理论。波普尔说，伽利略致力于只使用他的惯性定律和旋转运动守恒定律来说明天体现象（*OK*：173）。月亮对潮汐的影响不可能
51 被置于这个框架内。伽利略拒绝将月亮的影响纳入他对潮汐的说明，考虑到他的信念，他的这种拒绝是理性的，而不是顽固的。事实上，科学需要一定的韧性来捍卫某些理论，尤其是简约的理论，如伽利略的理论。然而，鉴于我们上面的分析，情境分析不能帮助我们真正地预测创造性行为，包括创造性的科学行为。例如，考虑到他的问题情境，我们无法预测，伽利略会提出惯性定律。考虑到伽利略的情境，我们不能说，任何理性的人都会提出惯性定律，因为假定理论是创造性人才的行为（然而，理解他的问题情境无疑有助于我们更好地理解，为什么伽利略认为

他的理论解决了他的问题）。这种不可预测性清楚地限制了情境分析的有用性。但是，正如波普尔所说的，如果社会科学中情境分析的主要目的是生成包括日常的、适当的行动在内的典型事件的情境模型，那这可能不是一个特别有破坏性的限制。

现在应该清楚的是，规律在波普尔的情境分析中不起作用。首先，允许社会领域中出现类规则（quasi regularities）的社会情境是不断变化的，而这又反过来导致与它们相关的规则发生变化或完全消失。从根本上说，人类行为并不是被决定的，而是自由的。这就意味着，即使最有规律的社会规则也没有什么必要。最后，我认为，调和波普尔在《历史决定论的贫困》和《开放社会及其敌人》中所说的社会世界的规律和他所谓的情境分析（包括他在《开放社会及其敌人》第 14 章中对情境分析的讨论）是不可能的。但我认为，我们可以说，情境分析显然是波普尔对社会科学的方法论推荐的核心，而他对规律和社会科学的评论大多是在讨论其他论题时顺带进行的。每当他在进行社会科学方法的广泛讨论时，情境分析就成了讨论最活跃的话题，而规律则逐渐融入了背景中。显然，波普尔对普遍社会规律的支持源于他想要强调自然科学和社会科学之间的连续性。但我认为，波普尔的主张——情境逻辑标志着自然科学和社会科学最重要的区别——比他自己意识到的还更重要（*PH*: 141）。无论怎样，波普尔关于规律和社会说明的思想在他后来的作品中发生了改变，尽管他并不承认。到了 20 世纪 60 年代，社会世界中的规律的必要性几乎完全从他对社会科学的推荐中消失了。例如，他写于 1961 年的文章《社会科学的逻辑》（*The Logic of the Social Sciences*）中，甚至没有提到普遍规律（*ISBW*：616-68）。

但是，如果情境分析不能使用规律来说明社会行为，那么它如何说明呢？在下一章中，我将充分地讨论这个问题。在此我仅仅主张，情境分析根本不应该被理解为一种因果说明。如果人类的行动不是完全因果

52 决定的——正如自由意志学说所主张的——那么，在理性行动者位于情境模型的核心的情况下，情境分析是不能被理解为产生了对行为的因果解释的。在第四章中，我将指出，情境分析是通过发现和整理潜在联系——简言之，通过揭示目前情境的逻辑——来进行说明的。[3]

第二节　科学方法的统一

最后，我们需要考虑波普尔对实证主义的中心思想之一——*科学方法的统一*的立场。波普尔强调并赞同科学方法的统一，尽管他也拒斥那种被称作“科学主义”的，由社会科学家做出对自然科学没有深度的“模仿”（*MF*：75）。他明确反对试图把朴素的经验主义和归纳方法应用到社会和自然世界中的探索。因此，在他对科学统一的支持中，他拒斥实证主义的其他原理。然而，正如我们刚刚看到的，波普尔最初至少声称自然和社会科学都探索揭开似规律的规则，但是这个断言似乎和波普尔的情境分析相矛盾，并且波普尔可能最终否认了存在真正的社会规律这一观念。

即使在波普尔的社会科学中，社会的规律失去了其作用，波普尔仍继续坚持科学方法的统一。那么，他把什么视为所有科学共享的方法？在他对这个问题的最持久的讨论——《社会科学的逻辑》一文中，波普尔声明他的主要论点如下：“社会科学方法，就像自然科学方法那样，尝试着对我们的研究由开始的那些问题，给出试验性解决方案。”正如我们在第二章所看到的，根据波普尔的观点，所有的科学都提出了解决问题的办法，无论是实践还是理论类型，解决问题的方法都是反复试验：提出问题的解决方案，然后测试这些提议。更确切地说，波普尔认为，所有的科学都遵循以下模式：$P_1 \rightarrow TT \rightarrow EE \rightarrow P_2$。那就是说，科学以一个问题（$P_1$）开始，然后提出一个试验性的理论（TT）来解决它。接下来，检验了理论，在这个理论中做出了排除错误的努力（EE）。紧随错误排除之后，一个新问题（P_2）产生，然后程序重新开始。波普尔在其他地方说，这个科学方法的概念可以被简单地看作“使我们从错误中学习的前科学方法之系统化”（*MF*：100）。

我们如何理解波普尔对科学方法的解释？一方面，与所有科学都包含批判性问题解决这一论断进行争论是很困难的[4]；另一方面，我们必须承认，这并不能很好地鉴别出科学。大多数社会科学研究程序可能能够被解释为批判性问题解决的演练，但是，我们通常并不倾向于称之为
科学的一系列活动也能这样解释。因而通过扩大科学的定义，波普尔似 53
乎已经耗尽了这一概念中有意趣的部分。[5]确实，把科学形容为只不过是批判性问题解决似乎把数学和形而上学包含进了科学的范围。我们甚至可以把艺术、音乐、文学、体育运动、汽车修理或任何其他系统的活动形容为解决问题的演练。波普尔本人常常用这样的方式描绘艺术和音乐的特征（*OK*：182）。例如，他描绘了贝多芬就面临过如何以及在什么情况下将歌唱引入他的第九交响曲中这一问题。更进一步讲，波普尔本人捍卫其多元主义本体论、非决定论和人类自由意志的尝试无疑是解决问题的演练，但波普尔把他对这些主题的疑问描述为形而上学而非科学。因此，不管波普尔主张什么，我们都需要一个比批判性问题解决更具识别性的标准来统一自然科学和社会科学，并且我们希望这个标准可以与波普尔的全部思想相一致。

我们可以首先指出，在《社会科学的逻辑》的其他地方，波普尔认为，所有科学理论的主要目标都是得出关于世界的真描述（*ISBW*：76）。沿着阿尔弗雷德·塔斯基（Alfred Tarski）的思路之后，波普尔认为“真描述”应该被理解为与事实相符。通过增加科学包含描述世界的尝试，我们至少可以把艺术、音乐、逻辑和数学从科学的题目之下移除。这些学科并没有做出关于世界的事实论断，或者这一点并非它们的界定性要

素。但是我们仍然无法摆脱形而上学，像科学一样，形而上学涉及描述和解释世界的尝试。据波普尔自己的定义，科学和形而上学的不同是，前者可以被经验检验而后者不能。这立即暗含了一种真正波普尔式的统一科学的方案——经验可证伪性。正如我们在第二章所看到的，波普尔认为可证伪性将科学与非科学区分开。对波普尔来说这绝非次要的命题；它是统摄他的自然科学哲学的中心思想。那么，如果波普尔将可证伪性当作是自然科学和社会科学的一致特征，就不足为奇了。很奇怪的是，在《社会科学的逻辑》中，波普尔并没有明确论证可证伪性是自然科学和社会科学中理论所共同具备的基本属性，尽管这个结论看起来是从他对科学的一般性论述中得出的。接下来让我们思考一下可证伪性如何能够作为自然科学和社会科学的一致特征而发挥作用。

第三节　证伪主义和情境分析

考虑到波普尔一切经验观察都承载着理论的观点，所有的试图证伪一个理论的尝试，无论是自然还是社会科学，都变得有疑问了。不存在不依循理论的观察，挑战科学家在试图证伪某一理论时所使用的经验证据就总是有可能的。这是因为支撑观察的那些理论其自身可能在某种程
54 度上是有缺陷、有偏见、被曲解的（尽管理论影响经验证据的程度无疑是有很大变化的）。因此，波普尔承认，即使在自然科学中也没有任何伪证能被认为是明确无疑的或最终的（*MF*：90）。在社会科学中，证据也总是承载了理论的，并且往往比在自然科学中的程度要深。但是社会科学也承受着其独特的——使人望而生畏的——证伪问题。其中最重要的是做出精确预测的难度。有关这种困难的一些缘由我们已经讨论过了，包括社会世界中缺乏似规律的规则性，进行可控实验的难度（如果并非完全不可能的话），社会现象的复杂性以及俄狄浦斯效应。当然，

如果没有精确的预测，就很难检验理论，社会科学理论的可证伪性也因此受到影响。

情境分析尤其受可证伪证问题的阻碍。回顾第一章，波普尔认为科学试图解释两类基本的现象——单一事件和重复事件（或规律）。波普尔认为，解释前者，科学家需要调用初始条件和普遍规律；解释后者需要构建模型。波普尔认为，社会科学通常局限于构建典型社会情境的模型。这是因为“用普遍规律和初始条件解释并预测单一事件的做法在理论社会科学中几乎不适用”（*MF*：165-166）。随后在同一篇论文中他声称“充分规律”和初始条件在社会科学中从来都不适用（*MF*，168），尽管他不是真的要解释为什么是这样。规律在社会领域中根本不存在，并且，由于社会世界的复杂性，要隔离初始条件是很困难的。波普尔认为，模型必然是真实世界的简化了的描述，并因此是错误的（*MF*：172-173）。此外，由于缺乏真正的似规律的规则性，情境模型必须依靠合理性原则驱动。但是，正如我们在第一章看到的，合理性原则本身就是一种错误；波普尔承认人们通常适应情境而行动，然而有时并非如此（*MF*：172）。人们接受合理性原则并非因为它是一个假定为合理有据原则或者因为它被充分证明了的。相反，它是一个能够帮助社会科学家构建社会情景模型的有用的方法论工具。那就是说，假定人们大体上是适应情境而行动的，这一点非常有用。

我们可能会说，每一情境模型中都存在着双重的错误，它是由所有科学模型的错误和合理性原则的错误所引起的。波普尔同样承认：

> 现在，如果社会科学中，那些发挥着与自然科学之普遍规律相类似作用的，合理性原则是错误的，此外，若情境模型也是错误的，那么社会理论的组成要素就都是错误的。（*MF*：173） 55

但是，这意味着检验情境模型往往是一种十分不明确的事业，与自然科学模型相比更是如此，自然科学模型通常具有采用充分证实的普遍规律的这一优势。甚至连假定情境模型的任何组成部分能暂时无可挑剔，都是很不可靠的。因此，当一个模型所生成的预测尚未得到证实时，就很难知道模型的哪一部分存在问题。

但是，在情境模型的双重错误之外，甚至有一个更重要的假设证伪情境模型总会比证伪自然科学理论更成问题的理由——一个波普尔没有完全认识到的理由。这源于大多数社会科学理论（包括情境分析）中固有的和不可避免的解释性要素。为了理解为什么解释性要素对于社会调查至关重要，以及为什么它使得对于情境模型清楚明晰的证伪变得问题百出，我们需要暂停一会儿，去思考一下解释理论，特别是与社会调查有关的解释理论。

解释主义，或解释学，为认识论和方法论假设完全不同于主流社会科学的社会研究，提供了一条替代性路径。解释主义者倡导的核心主张是，社会世界与自然世界不同，因为社会世界是意义的领域，包括研究的主体和客体（人），然而人们强加了自然世界可能拥有的任何意义。因此，包括社会实践、制度、信仰、价值观和语言本身在内的社会世界类似于一种文本，因为它涉及约定和解释。鉴于此，解释主义的倡导者认为，理解社会世界的适当方法从根本上不同于自然科学的方法。对解释主义者来说，发现社会规律并将之用于说明社会事件或个体行动的目标，是完全错误的。说明——或他们更愿意称之为“理解”——一个人的特定行动仅仅是要表明，考虑到他的价值观、信念和他置身其中的社会制度，这个人的行动是有意义的。它并不是要将具体行动置于一般规律之下，以便预测人类行为。事实上，解释主义者倾向于避开因果语言，他们通常认为，理由（reasons）不应被理解为行动的原因（causes），而应该是基本原理。发现一个人行动的理由本质上通常是充分的说明，不需要更深层或一般性的说明。

波普尔烦恼了一辈子，自己经常被称为实证主义者，但他对社会研究的建议很少被称为是解释的［Farr（1983，1985）是个例外］。但我们可以从上面的简单描述中看出，解释性的社会研究与情境分析相似。这两种路径都试图通过将个体行动置于更广泛的社会语境中，来对它们做出解释；考虑到人的信念、目标和社会环境，这两种路径没有依据因果，56
而是将之视为理性的或适当的行为，概念化了人类行动。实际上，波普尔本人注意到了情境分析和解释路径之间的相似之处。事实上，在他1968年的文章《论客观思维理论》（*On the Theory of Objective Mind*）中，波普尔提出，情境分析是解释人类行动的适当方法（*OK*：178）。虽然他以前曾把情境分析描述为一种说明*和*理解的方法，但他倾向于强调它与自然科学的连续性，而非它与人文学科的兼容性。现在他提出，情境分析是一种成熟的解释路径。1968年那篇文章也很重要，因为波普尔第一次明确地把情境分析与他的三个世界的本体论联系在一起。具体来说，波普尔希望通过假设，解释蕴含了“对属于世界3的客体的理解，这构成了人文科学的核心问题，从而对解释学有所贡献”（*OK*：162）。他声称，这标志着与传统的对解释学的理解“彻底背离”，后者认为，“理解的对象主要属于世界2，或者说，它们至少可以用心理学术语来解释”（*OK*：162）。换句话说，波普尔认为，理解不在于揭示人的主观心理状态［很可疑的是，波普尔将此观点归于科林伍德（Collingwood）和狄尔泰（Dilthey）[7]］；相反，它在于阐明——解释——人们遇到的世界3的实体。这样的世界3实体包括理论、规范、论据、猜想和语言本身，波普尔认为，这是一个关于世界的理论宝库（*OK*：165）。

在《论客观思维理论》中，波普尔关注的是历史解释，但他的论点与我们对情境模型的理解有着明显的相关性。正如波普尔本人强调的，情境模型将始终包含对世界3环境的描述，而这种环境是模型中牵涉的行为者所遇到的。这意味着，社会科学家将不得不解释作为模型一部分的世界3的实体。当此模型受到检验——当社会科学家试图证伪此模型时——批判性关注将主要集于世界 3 环境。社会科学家会问，我们是否准确地描述了社会制度、规范、价值观和实践？但是，当他们试图批判对此模型的世界 3 方面的解释时，他们对这个问题所提出的批评将不同于自然科学中所采用的那种批评。在第二章对形而上学和科学之间区别的讨论中我们已经看到，为什么会这样。根据波普尔的说法，我们通过评估它与现实相符的程度，来检验一个科学理论，现实是客观的、独立于我们的。如果由理论证明的预测与事实相矛盾，我们就必须修改或否定我们的理论。同样，我们可以假定世界 3 的客体有特定的意义——如文本、社会实践或社会规范——然后再检验我们的理论。但是，我们不
57 会通过比对独立的、外部的、客观的现实来检验我们的理论。相反，我们猜想的意义的有效性将由意义网中它与其他世界 3 客体的整体一致性来评估。建立这种一致性将受制于所谓的解释学循环。也就是说，我们探讨的世界 3 客体的意义将取决于它的组成部分，但个体部分的意义又反过来依赖于整体的意义。例如，为了理解一篇文章中的特定段落，我们必须要理解整篇文章的一般含义。但要理解整篇文章，我们就必须理解构成它的各个段落。在寻求对文章更全面的理解的同时，我们也可以尝试着把它纳入更广泛的意义网中，如传统或社会实践。然而，我们并没有什么文本（理解的广义的“文本”）以外的事物可以比对，以检验我们的意义理论。查尔斯·泰勒（Charles Taylor）等人认为，这种在判断理论方面的差异是自然科学和社会科学之间区别的根本（Taylor，1985b：17-18）。

波普尔承认解释学循环的存在（*OK*：187，n.39），但他没有明确指出它对检验世界 3 问题情境的猜想性重建的影响。还记得第二章，波普尔在另一种语境下承认，“历史解释的检验永远不可能像［自然科学中］那些普通假设的检验一样严格”（*OSE Ⅰ*：171）。波普尔确实看到了检验解释和检验科学假说之间的差异，但他似乎把这种差别视为程度上而

非类别上的。然而，解释性批评与自然科学中的批评之间存在着质的区别。对自然科学理论的批判主要涉及经验检验。即使用来检验科学假说的经验证据总是渗透着需要解释的理论，但理论尝试着解释的实在的、外部的世界仍处于核心。事实上，对批评对世界 3 实体的解释，真的经验证据往往很重要。例如，从考古发掘中获得的证据可能有助于人类学家重建某些古代仪式的意义。然而，解释性批评的重要组成部分仍将限于解释学循环中，而没有文本外的方法能够将其打破。

那么，这在什么地方脱离了情境模型的可证伪性呢？它们似乎受到了双重谬误（dual falseness）和解释学循环的阻碍。这意味着，情境模型的证伪会更加受制于与自然科学理论相比较的争论，并且情境模型的证伪并不是决定性的。但是，正如波普尔对形而上学的观点，缺乏可证伪性并不意味着情境模型不会受到理性的批判。在我看来，依据可证伪性，我们应该将情境分析看作介于自然科学和形而上学之间。

关于科学方法的统一，我们的结论如下。在最广泛的意义上，波普尔认为，自然科学和社会科学的特征是致力于批判性问题的解决，这一 58
主张就现状而言是无异议的。但这种统一只有通过忽略这两个领域之间的重要差异才能实现，特别是关于可证伪性，我认为，比起解决问题，统一科学是更有价值的波普尔式的候选方案。

总　　结

本章完成了我们关于波普尔对实证主义的回应及其对他的社会科学的影响的探索。我们现在可以说，波普尔显然不是实证主义者，至少没有步维也纳学派的后尘。在第二章，我们看到波普尔拒斥实证主义支持证伪主义，他拒斥了实证主义者声称的纯净感觉材料形成科学和知识的基础，代之以主张所有的科学探究都是从理论开始，所有的经验证据都负载了理论。与实证主义者相反，他还认为，形而上学不是无意义的，而是可以被理性地批评的，科学的目的是描述一个现象之外的实体世界。也就是说，他是一个科学实在论者。

我们在这一章中关于波普尔对实证主义其他方面的立场——因果关系作为恒常联结，覆盖律说明模型和科学方法的统一——的研究产生了更含糊不清的结果。我们看到波普尔接受了自然必然性的概念，从而拒斥作为恒常联结的因果关系。然而，他继续支持覆盖律解释模型，照我看，如果有人像波普尔一样支持自然必要性的概念，更广泛地说，支持科学实在论，那么这一点充其量是多余的。以我来看，覆盖律模型应该被看作是他早期的自然科学哲学的产物，可以从他成熟的哲学中被分离出去而没有损害。转向社会科学，我认为覆盖律说明模型在波普尔社会科学中可能没有立足之地。这是因为，首先，真正的规律式的社会规则是不存在的。其次，规律在波普尔的情境分析中不起任何作用。关于因果关系和情境分析，我认为处在情境模型中的行动者的行为不应该用因果术语来解释。为了与波普尔对人类自由意志理论的支持相一致，我们应该将行动者的行为视为自由选择，虽然一般是理性的，因此在许多情况下完全是可以预测的。最后，我们看到基于情境分析的模型与自然科学理论不具有相同的否证度。

最后，波普尔是否应该或不应该被归为实证主义者，就其本身而言根本不重要。正如波普尔肯定会说的——事实上，正如他对这个问题所说的——词语无关紧要（*ISBW*：89），重要的是它们背后的思想。考察波普尔与实证主义对立的主要价值是阐明他的一般科学哲学，尤其是丰富我们对波普尔社会科学和情境分析的理解。

第四章　情境分析与经济理论　59

波普尔发展了情境分析，很大程度上是因为他接触到了经济理论——有些读者认为比较奇怪——和马克思主义。我们将在下一章考察马克思对波普尔的影响。在这一章中，我们将看到经济理论如何影响波普尔的社会科学方法论，然后再思考波普尔背离经济学家方法的重要途径。

全面理解情境分析需要理解经济理论。波普尔认为，经济学是最发达的社会科学，在反思社会科学说明时他喜欢使用经济学中的例子（*MF*：176，182，n. 6；*OSE Ⅱ*：95-97；*OSE Ⅰ*：67；*PH*：62）。[1] 更重要的是，波普尔声称已经将情境分析建模在经济理论之上。特别是，在《无尽的探索》中，波普尔表示，他发展情境分析的目标是“*将经济理论的方法一般化（边际效用理论）从而使之适用于其他理论科学*”（*UQ*：117-118）。经济学和情境分析之间的联系在波普尔最早对情境分析的讨论中十分明显。在《历史决定论的贫困》中，波普尔对比了情境逻辑与“经济学方程式”所描述的“纯粹的选择逻辑”（*PH*：141）。在《开放社会及其敌人》第二卷中，波普尔宣称，情境分析“事实上是经济分析方法”（*OSE Ⅱ*：97）。在他 1961 年的讲座“社会科学的逻辑”（The Logic of the Social Sciences）中，波普尔主张，“对经济学方法的逻辑研究产生了一种可以应用于所有社会科学的结果”（*ISBW*：79）。在他对情境分析最深入的探讨中——他 1963 年为哈佛大学经济学院做的讲座“模型、工具和真理”中——波普尔告诉他的听众，他关于社会学方法论的观点来源于他“对经济理论”的赞赏（*MF*：154；*PS*：353-354）。

然而，令人惊讶的是，波普尔从未准确地阐明他所理解的经济学的方法。这令人十分困扰，因为波普尔的情境分析实际上也是经济学家使用的方法，这一点并不明显（在某种程度上，在“主流”或“正统”经济学家中可以找到这种单一的方法），尽管波普尔本人的主张恰恰相反。
60 同样令人惊讶的是，对波普尔的社会科学哲学的许多学术评论没有探讨他的论点，即情境分析是以经济理论为基础的。比如，最近的一些书，如斯托克斯（Stokes，1998）和科尔维（Corvi，1997）的著作，讨论了情境分析，但没有提到它与经济理论的联系。但有一本书例外，经济学家科林·西姆金在其 1993 年关于波普尔的作品中，强调了情境分析和经济学之间的联系。

然而，最近，主要是由于 1997 年维也纳社会经济研究所举办的关于波普尔和社会科学的会议，一些学者开始研究经济学和情境分析之间的关系。参加会议的大多数学者——或者至少是大多数在会议之后发表了关于波普尔和经济学的文章的学者——都反对这种说法，即情境分析和经济理论为考察社会世界提供了本质上相同的路径。埃贡·马茨纳（Egon Matzner）和伊恩·贾维（Ian Jarvie）认为，波普尔对情境分析的发展，可以理解为对早期“经济学帝国主义”的欢呼，不断尝试着将经济学的方法用于社会科学的其他分支（Matzner and Jarvie，1998：335）。然而，马茨纳和贾维认为，情境分析与传统的经济理论有着明显的差异。不同于标准的经济理论，情境分析并没有忽视社会制度对人类行动的作用，因此，他们声称，情境分析最好被理解为经济理论与社会学的融合，因为情境分析强调工具性行动*和*社会情境（Matzner and Jarvie，1998：337）。同样，在各自的文章中，马茨纳和阿米特·比哈杜里（Amit Bhaduri）总结道，情境分析不能被描述为一般化的标准经济理论，因为标准经济模型忽略了社会情境（Matzner and Bhaduri，1998）。保罗·奥默罗德（Paul Ormerod）和布里奇·罗斯韦尔（Bridget Rosewell）提供了相关的批评，他们声称，正统的经济理论在其消费者行为的标准模型中，不包括初始条件和历史情境。他们认为，情境分析避免了这些错误（Ormerod and Rosewell，1998）。

马茨纳、贾维、彼得·赫斯特洛姆（Peter Hedstrom）等人也得出结论，波普尔的情境分析应该被看作早期扩大经济方法范围的尝试。但他们批判波普尔的理论忽略了最新的经济理论的一个关键观点：在许多社会情境中，特别是在那些涉及行为者之间多重互动的情境中，对任何特定的理性的人来说，可能不存在单一的行动。在经济理论的语言中，这种情境产生了“多重均衡”。赫斯特洛姆等人还注意到，说明最有趣的部分往往是揭示一个人如何首先持有某种信念，而不是在考虑到这个人的信念的情况下，他为什么要以一定的方式来行为。然而，波普尔几乎 61
没有探讨信念的形成或情境分析如何有助于我们对这一问题的理解。然而，赫斯特洛姆等人还发现了情境分析的一些优点。他们称赞它是一种“中层理论”，即徘徊在独特个案和整体的“大型理论”之间的理论。他们也赞美情境分析强调了对社会领域的说明往往要依靠抽象模型的构建。模型顾及了波普尔（跟随哈耶克）称为“原理上的说明”而非“细节上的说明”（*MF*：166）。

我应该注意到，在比较情境分析和经济理论的时候，有些学者不太友善。在关于理性选择理论的竞争对手的讨论中，马里奥·邦格（Mario Bunge）很快地驳斥了波普尔的合理性原则，理由是它太模糊，无法检验，因此违反了波普尔自己核心的科学标准（Bunge，1996：366）。然而，他的批评却没有意义。正如我们在第三章看到的，波普尔宣称，因为合理性原则众所周知为假，就算它被证伪，它的价值也没有被否定。它的价值在于它接近真理，并且有助于构建情境模型。

根据马克·诺图洛（Mark Notturno）的说法，经济理论和情境分析之间的主要差别是，经济学的目的是预测，而情境分析的目的是说明和理解（Notturno，1998）。具体来说，诺图洛主张，情境分析是试图通过说明情境中讨论的所有元素，特别是通过追溯人类行动的非预期后果，来说明事件*发生后*的情况。诺图洛进一步指出，效用最大化——波普尔认为的经济理论的核心，它是经济理论的重要组成部分——不能作为情境分析的组成部分，因为效用最大化理论取决于*先于*情境而界定目的。在经济学中，这种先验的目的，标准地来说是财富最大化。但诺图洛提醒我们，波普尔坚持认为目的是内化于情境的，即是情境的一部分。因此，正如我们在第一章看到的，波普尔的合理性原则“几乎”是一个空的原则，在此原则中，行为者仅仅是表现出情境中已经隐含的目标（*MF*：169）。因此，对情境分析，一个人是否旨在某一特定情境中最大化财富或其他东西，是一个经验问题，必须通过考察所涉情境来确定。此外，诺图洛说，非最大化类型的行为在情境分析框架内仍然是合理的（Notturno，1998：419）。我觉得，诺图洛对情境分析的阐释由于涉及经济理论，所以本质上是正确的。然而，在接下来的内容中，我将更进一步地探讨他的分析，从而清楚地表明，经济理论和情境分析中的不同合理性概念如何与它们关于预测的立场相关。

（下面将谈到的）我的观点是这样的，尽管情境分析的起源可以追
62 溯到波普尔与经济理论的相遇，并且情境分析在其后面的形成中仍然酷似经济方法，但在波普尔主要的理论中，它为社会说明提供了完全不同的路径。特别是，我认为，波普尔关于情境分析的合理性概念，尽管表面上类似于合理性的经济模型，但实际上它与经济学家普遍接受的合理性概念极为不同。相比经济学，这对情境分析所产生的说明类型有重要的意义。事实上，尽管波普尔声称情境分析只是一般化的经济理

论，但我将表明，他不太可能支持目前将经济方法应用于其他社会科学的尝试。

第一节 合理性和经济理论

在我们评估波普尔的主张，即情境分析事实上是一般化的经济学方法时，我们需要停下来考虑标准的经济理论是什么。尽管所有的经济学家并没有使用同一种方法，但经济学相比其他的社会科学，在方法论上更为统一。因此，确定此学科的某些核心特征并不太困难。此外，“边际效用理论”或效用最大化——波普尔显然希望效仿的经济理论的特定方面——是一个完善的概念，它显然是主流经济学的核心。而效用最大化又是理性选择理论的核心假设。事实上，经济理论被普遍认为是理性选择理论的一种应用。因此，我们可以首先考虑理性选择的关键因素，来开始我们对经济理论的考察。

至少，理性选择理论将人类概念化为有目的的行动者，他们工具性地去施为，也就是说，概念转化为其行动是有目标导向并且会进行计划的行动者。继乔恩·埃尔斯特之后，我们可以指出，工具性行为在本质上遵循公式“如果你想达到 *Y*，就做 *X* ”（Elster，1989：113）。工具性的、以目标为导向的行为应区别于非工具性的行为，如传统引导的行为、习惯性行为，以及最重要的规范引导的行为。至少在其纯粹形式上，这种非工具性行为不是以目标为导向的；它只是为了做而做。再次引用埃尔斯特的话说，规范驱动的行为遵循简单的公式“做 *X*”（Elster，1989：113）。通过关注人类行动的工具性维度，理性选择理论所描述的社会世界与自然世界有着明显的不同，至少从自然科学的角度来看是这样的。从理性选择的角度来看，社会世界中的事件主要是有目的的人类行为的总和，而不单单是客观力量或自然规律的产物。可以说，这些力量和规

63 律是强加给人类和宇宙中的其他事物的。但是标准的理性选择理论比起工具性行动更需要人。它也要求人以目标为导向的、计划的行动在一定意义上是*理性*的。理性选择理论的效用最大化假设为评价行动的合理性提供了最基本的需要（Arrow，1951：3）。效用最大化规定，考虑到一系列实现最终目标的选择，理性的人将会选择他认为最有效的方法来达到这个目的。这并不要求此人更喜欢那些*事实上*能够最有效地实现其预设的行动；它仅仅规定，此人应执行她*认为*对于达到其目的最有效的行动。在现实世界中，许多决策都是在不确定或模棱两可的情况下进行的，在这种情况下，一个人要决定哪个行动最有效可能太困难或代价太大。鉴于这一点，大多数理性选择理论者认为，要求一个人必须选择事实上最好的行动，未免太过于限制。然而，一些理性选择理论者确实假定了行为者的“完美信息”。

与行动的合理性截然相反，理性选择理论在决定信念的合理性方面，面临着类似的问题。众所周知，确立信念的最优性的标准是十分困难的。这是因为成本通常与收集形成信念的信息有关，并且我们可能无法确定一个人愿意承担多少费用来搜寻信息。例如，在许多情况下，我们可能没有办法预先确定一个人应该花费多少时间，收集先于其行动的情境的信息。一个几乎没有花多少时间搜集敌军情报的军事指挥官，可能无法发现关于敌军部署的关键事实。另外，如果指挥官花太多的时间来收集情报，他可能会错过利用敌人暂时的弱点的机会。没有什么一般规则或程序能够确保这位指挥官的信息收集是最佳的，他将不得不依靠自己凭借知识进行的猜测。面对这样的困境，一些理性选择理论者只是把信念视为给定的，他们并没有为确定信念形成的合理性规定任何要求。

除了下述中心假设，即人们在其信念的指导下有目的地行动，从而使自己的效用最大化，理性选择理论通常包括至少两个关于人类行为的附加假设。第一，理性选择模型通常假定，一个人可以将他的偏好排列*顺序*（Elster，1989：23）。这个假设并不要求一个人能够为他的偏好分配精确的价值，它仅仅规定考虑到选项 A、B 和 C，一个人可以按照喜欢的顺序排列这些选项。这可能包括将两个或几个选项排列为同样的顺序。第二，大多数的理性选择模型要求一个理性的人的偏好是*可传递的*（transitive），意思是一个人的偏好必须是一致的（Elster，1989：23）。如果一个人喜欢 A 胜过 B，喜欢 B 胜过 C，那么她也必须喜欢 A 胜过 C。为什么可传递性和排序偏好的能力被大多数经济学家认为是合理性的 64
基本组成部分？因为它们允许偏好的比较。一旦排序和传递性建立了，我们就可以将数值赋予偏好，以便较大的数字对应较强的偏好，较小的数值对应较弱的偏好。

这两个关于偏好排序和传递性的假设是大多数理性选择理论的一部分。然而，经济学家的人类行为模型通常（但不总是）进一步要求，理性行为者是*利己主义*，即他们采取行动来使他们自己的私人利益最大化。此外，经济学家通常规定了理性的人试图最大化什么样的特定的狭隘利益。经济学家通常假设行为者追求增加的主要利益是财富，而其他的候选内容则包括最大化闲暇时间或最小化劳动力。同样，接受了理性选择方法论的政治科学家们通常规定，政治行为者——政治家、官僚、选民——是利己主义者，他们试图最大化自己的狭隘的自我利益，如权力、选票、影响或财富。继格林和夏皮罗（Green and Shapiro，1993）之后，我们可以把理性选择理论分为两大类：那些依赖于“薄”（thin）合理性模型的和那些使用“厚”（thick）合理性模型的理性选择理论。薄理性选择理论假设，人们寻求效用最大化，并且拥有可排序的、可传递的偏好。“厚”合理性模型包括这些假设，并且进一步假设人是利己主义的，力求最大化预先设定的目的，如财富或权力。

然而，应该强调的是，理性选择理论不需要规定，行动者追求最大化某一*特定*（particular）的目的；该理论只要求行动者追求最大化*某个*（some）目的。即使理性选择模型确实为其行为者规定了一个特定的目的，但这个目的也不必是财富或权力；它也可以是公众的尊重、美德、虔诚或仅仅是幸福。利己主义也不是理性选择模型的必要特征。理性选择可以容忍，人们谋划着采取行动来推进他人的目的；某人采取工具性的行为来推进他们利他主义的目的不一定与之有什么矛盾之处。例如，士兵扑向手榴弹拯救他的散兵坑队友的行为，可以被视为处于理性选择的框架内。理性选择理论家可以假设，这个士兵的目标（也许是受功利主义精神说指导的），是尽可能地救更多的队友，考虑到他关于即将爆炸的手榴弹的信念，达到这一目标的方式是用自己的身体将它扑灭。然而，尽管理性选择理论能够将利他行为纳入其框架，但经济学家通常假设，人——或那些他们可能希望将其视为单个行为者的实体，如国家或企业——并不以无私的方式来行为。事实上，经济学家通常试图证明，在适当的角度下，利他主义行为显然可以被解释为自私的行为。因此，经济学家可能会试图将这个士兵表面上无私的行为解释为，实际上是企
65 图推进自己目标的行为。也许士兵突然扑向手榴弹的预期报酬在来世，也许他认为其死后将在地球上留下荣耀。经济学家接受了利己主义和财富最大化的假设，因为没有它们，理性选择的说明沦为琐碎或重言式的危险就会非常大。没有这些假设，几乎所有的活动可以被描述为工具性的和理性的，但通常以失去理论中所有实在的说明力为代价。例如，通过声称德兰修女帮助穷人的真正目标是最大化善良的温暖感觉，这些感觉是她通过帮助穷人而获取的，她对穷人的照顾可以概念化为工具性的和利己主义的。这一说明可能不怎么好，但可能是准确的，然而，如果是这样的话，它就真的是重述明显使用的理性选择语言，即它什么都说明。德兰修女明显的利他主义行为没有还原为狭隘的利己主义行为。相反，利己主义的概念只是扩大到包括了帮助他人而获得的满足感。此外，

这样一种说明是以一个极为不可信的关于人类动机的理论为基础的，即人们追求自己的目标是获得幸福的一种手段，而不是追求目标本身。对德兰修女的行为有一个比较可信的解释是，她渴望帮助别人，她这样做所获得的任何内心满足都是她行动的副产品，而不是目的。

第二节　情境分析和经济理论

乍看之下，不难想象为什么经济理论（被理解为理性选择理论的一个子集）会吸引波普尔。首先，这种方法将个体而非不带个人色彩的客观力量置于社会世界的核心。就这一点而论，经济理论似乎与波普尔对方法论个体主义的支持（和对方法论集体主义和历史决定论的反对）相一致。此外，理性选择理论将人类理性概念化为社会事件背后的动机，这种观点对波普尔这样的思想家明显具有吸引力，这类思想家重视理性，他们将理性理解为（主要是）对批判的开放性，是终极的人类和社会美德。此外，这种方法强调人的选择，而不是因果决定论，所以，它可以被视为与波普尔对人类自由意志和“开放宇宙”的信念兼容。尽管如此，波普尔的主张，即情境分析仅仅是一般形式的经济模式，还是经不起仔细推敲。

情境分析与经济理论最根本的不同在于，两种理论对个体行为者的不同要求。理性选择理论，即使在其“薄”的版本中，仍然对行为者有相对严格的限制，要求他们最大化效用并保持其偏好一致。“厚”的版本的理性选择进一步要求行为者应该是利己主义的，他们追寻某些预先设定的目标，如财富或权力。相比之下，波普尔要求我们说明（以只受 66
合理性原则约束的行为者的行为来说明）情境而非行动——这是一个模糊和宽松的要求，此行为者依据自己的信念，“充分地”对情境发挥作用。简单地说，合理性的理性选择概念对理性选择说明的作用，要比波普尔的合理性原则对情境分析的作用大得多。情境分析中的理性行为是由特定情境决定的，而经济理论中的合理性则是先于且外化于情境的。

这种对合理性原则的解释与波普尔关于经济学和情境分析之间关系的主张不一致。但在我更进一步辩护这种说法之前，我想要暂时停下来思考，波普尔的作品中合理性原则之于经济理论的历史。合理性原则——通常还有情境分析——随着波普尔多年对此概念的发展，变得越来越不像经济理论，尽管波普尔本人从未正式承认这些变化。

首先，波普尔通过反思经济理论，发展了合理性原则。波普尔首先在《历史决定论的贫困》中讨论了“情境的逻辑”，但在《开放社会及其敌人》的第一卷中，较早地出现了此理论明显的原型。波普尔在一条脚注中将柏拉图对暴政的动力学的解释，描述为“首次对*权力的逻辑*的尝试”（*OSE* Ⅰ：315；波普尔的斜体）。他马上补充说，他“对这一术语的选择是类比了的，哈耶克将选择的逻辑用于纯经济理论”（*OSE* Ⅰ：315）。不幸的是，波普尔并没有讨论权力的逻辑和选择的逻辑是如何可比的，他也没有说明柏拉图是如何使用这种方法的，也没有提到合理性原则。然而，选择的逻辑和权力的逻辑单纯的配对表明，当波普尔开始发展他后来称为“情境分析”的理论时，他考虑的是经济学。然而，波普尔在《历史决定论的贫困》中第一次对“情境的逻辑”的解释，却包含了对合理性原则的描述，类似于经济方法。在那部作品中，正如他后来对情境分析的讨论，波普尔将合理性定义为情境模型的驱动原理。但是，波普尔并没有把合理性等同于“充分”行动，他说，当人们“优化利用所有可用的信息以实现（他们可能获得的）无论什么目标时，人们就会理性地行动”（*PH*：140）。对最优性，而非“充分性”这一更模糊、更宽松的概念的强调，显然与经济理论相似。此外，波普尔还说，情境模型“也许”应该假定“拥有模型中所有人的完全信息”（*PH*：141）。这种对信念的严苛约束，在波普尔后来版本的情境分析中完全没有出现，他后来断言，理性行动只要求人们在*他们所看到的*情况下，而不必像客观情况那样，充分地作用于情境（*MF*：181，n. 19）。最后，波普尔在《历史决定论的贫困》中说到，诸如“传统偏见”之类的影响超出 67
了“纯粹的选择逻辑”所建构的模式的范围（再次呼应哈耶克）（*PH*：141）。对受传统所激发的行动的禁止可能会扩大到其他对行动的非工具性刺激，如习惯和规范。

因此，波普尔对合理性原则的最早讨论，似乎一定与他试图将经济学的模型一般化的主张一致。但是，这一对合理性原则的早期讨论，与波普尔后来对情境分析更深思熟虑的探讨中发现的合理性概念并不一致。此外，我们应该指出的是，波普尔在《历史决定论的贫困》中对合理性的考察十分简短——甚至都没有两页——他只是附带地提了一句，他将合理性定义为对信息的最优利用。波普尔于 1963 年在哈佛大学经济学系的演讲中，首次对合理性原则进行了全面探讨，他终止了基于经济学的语言，并且将合理性等同于“充分地”或“适当地”行动，或等同于将情境中“隐含”的东西付诸行动（*MF*：169）。波普尔对合理性的描述尤其引人注目，因为他正在向经济学家阐述他的观点。在这种语境下，人们可能期望波普尔强调他的合理性原则的经济根源或维度，如果有的话。此外，波普尔告诉经济学家“充分作用于情境的原则”是他“自己的合理性原则版本”，这可能暗示着，他创造了一个新的合理性概念，不同于经济学中发现的合理性原则（*MF*：177）。我们还应该注意到，波普尔最后一次对合理性原则的详细论述是 1967 的文章《合理性和合理性原则的地位》（*La Rationalité et la Statut du Principe de Rationalité*），他并没有提及经济理论，理性行为再次被定义为充分的或适当的行为（*PS*：359）。[2]

所以，不管它的起源是什么，合理性原则和情境分析在波普尔后期的作品中越来越不像经济理论，这一点似乎是合理的。事实上，情境分析在其后期的构想中似乎是一个典型波普尔式的概念。然而，情况有些复杂，波普尔最后一次（非常简要地）提及情境分析是在他 1976 年的作品《无尽的探索》中，他指出了情境分析和经济理论之间的联系。具体而言，他说，在发展此理论的过程中，他一直在努力“*一般化经济理论的方法（边际效用理论），从而使之适用于其他理论社会科学*”（*UQ*：117-118；波普尔的斜体）。但这段话多少有点儿模糊不清；波普尔对思想的*起源*做出了评论，他补充说，“在后来的构想中”，情境分析发展成一个用于“构建的*社会情境*（特别是包括制度情境）*模型*”的理论（*UQ*：118；波普尔的斜体）。因此，这段话可以被解释为，他后来对情境分析的构想不一定是一种经济理论。无论如何，波普尔最后一次对合理性原则的全面探讨，最好地体现了波普尔对这个问题深思熟虑的看法。

68 然而，不可否认的是，波普尔的合理性原则以经济为导向的程度变得越来越低，这一转变的文本证据并不十分清楚。因此，我的论点即波普尔的情境分析并不是一种经济理论，必须表明，对波普尔对情境分析的模糊描述的一种合理解释揭示了它与经济理论的不兼容。这些不兼容主要源于不同的合理性概念，它们为两种不同的方法奠定了基础——波普尔的充分性观点与经济学家利己主义的效用最大化概念。[3]

首先，不同于标准的理性选择说明，波普尔的合理性概念——被理解为“充分地”作用于情境——似乎将规范、传统、价值观和其他对行动的非工具性刺激包括在了理性行为的范围内。正如我们先前所指出的，规范、传统和价值观是情境行为者在世界 3 中遇到的范畴。因此，按照规范或传统来行动就是充分的行动。波普尔在《框架的神化》中对社会人类学的简要探讨中能够找到一些对这种说法的文本支持，“社会人类学试图（或应该努力）以这样一种方式，即其成员的典型行动在理性上可以被理解为适当的，来描述制度的、*传统的*框架，以及社会问题”（*MF*：170；我的强调）。因此，就能得出，按照传统（和规范）来行动和工具性的行动都可以被视为波普尔的理性行为。到了《框架的神话》一书出版时，波普尔取消了用“传统偏见”来说明行为的禁令，正如上文所说的，他在《历史决定论的贫困》中探讨情境分析时也提出了这一观点。

但是理性选择说明不能把规范作为人类行动的原因而将其包括在内。这样做会违背理性选择说明的核心目标，即通过穿过可能影响人类行为的事实的泥潭，从而揭示出也许与直觉或表面相反，社会事件仅仅是计划的、利己主义的工具性个体行动的副产品。当然，理性选择理论仍然可以用多种方式把规范纳入说明之中。它可能会把它们视为一种“经验”（rule-of-thumb）的合理性，即降低“与确定最优行为相关的”成本的速记规则。或者，理性选择理论可以把规范视为制约，它们将心理成本强加在人们的工具性行为上，最典型的是愧疚。但理性选择理论可能不会将规范概念化为行动的直接*原因*——“做 *X*”而不是“为了获得 *Y* 而做 *X*”，来使用埃尔斯特的公式。这会违反该理论说明工具性行为的核心任务。事实上，规范可能是经济理论的一个问题，因为它们经常引导人们以明显违背自身狭隘利益的方式来行动。

为了说明波普尔的合理性原则作为充分性所指导的说明与效用最大化指导下的说明之间的区别，我们想象一下对以下事件进行说明的尝 69
试。由于地震中断了供水线路，饮用水成了暂时稀缺的商品，当地商人大多拒绝提高瓶装水的价格，尽管需求急剧上升，他们可以获得更高的水价。相反，商人只是限制个人购买水的数量。以波普尔理性原则为指导的情境分析说明试图通过分析商人面临的社会情境来说明商人的行为。这种情境的一部分包括水的需求上升，商人因此可以收取更高的价格这样的事实。如果商人在此情境中唯一的目标是利润最大化，那么他们提高价格就是合理的。但情境分析家也发现了一种支配商人行为的规范，即一种反对哄抬物价的道德观，它超越了利润最大化的目标。商人通过遵守规范，充分地行动。但坚信下述假设的经济学家，即所有的经济行为者都是利己主义的利润最大化的人，显然无法声称，商人通过不哄抬物价，合理地行动。他不得不通过指出，“商人希望维持公平交易的声誉——这虽然在短期内看成本很高，但从长远来看会产生效益”，来重新将商人的行为解释为隐藏的利己主义。

这两种方法不同的合理性概念所产生的第二个重要结果是，它们产生预测和说明的潜力。理性选择理论的优点在于它能够产生违反直觉的和新颖的预测，并且有可能为各种各样令人困惑的现象提供简洁的说明。在一些情况下，理性选择能够通过仅依赖效用最大化、传递性和行动者对偏好排序的能力，即通过依靠一种“薄”的理性模型，产生简洁的说明。肯尼斯·阿罗（Kenneth Arrow）著名的民主决策的“不可能定理”就是这样一个例子（Arrow，1951）。阿罗证明，在选民或立法者被提供了两种以上的政策选择的情境下，可能不存在多数人明确支持的单一政策选择。阿罗的定理为民主政治带来了令人担忧的影响，它不需要选民争取最大化某种特定的目标，也不需要选民是利己主义者。它只要求选民有偏好，他们可以对他们的偏好进行排序，并且他们的偏好是可传递的。

但阿罗的定理是一个例外。理性选择理论产生的大多数有趣的预测和简洁的说明，都依赖于一些理论，这些理论假设人是利己主义者，他们尽可能最大化某一特定的、理论预设的目的。关于政治，这种依赖于“厚”合理性模型的理论中最重要的一个是的曼瑟·奥尔森（Mancur Olson）利益集团形成理论。在奥尔森的《集体行动的逻辑》（*The Logic*
70 *of Collective Action*）之前，许多政治科学家只是假设，有共同利益的人会自然形成群体。但奥尔森认为，利益集团的形成往往会带来“搭便车”的问题。当人们消费或相反以其他方式从政治或社会福利中获益（不管他们是否有助于获得这种福利）时，就会出现“搭便车”问题。这种“公共福利”的例子包括清洁的空气、公共电视、国防和较低的税收。奥尔森认为，利益集团往往追求公共福利，因此他们很容易就会长期处于人手不足、资金不足的状态。在大多数情况下，理性的人将无法加入他们，或对这些团体做出贡献，因为他们将认识到，他们对这些组织做出的任何贡献，都不可能对获得该组织追求的公共福利产生任何实际的影响。一个人向塞拉俱乐部捐 50 美元是不可能对清洁空气立法产生任何明显的效果，但如果这样的立法确实得到了制定，那么那些搭便车者就也可以享受到更清洁的空气。同样，奥尔森认为，理性的工人会拒绝加入工会，因为他们既可以享受到工会带来的好处，如更高的工资和更好的福利，同时他们还避免了加入工会的费用，主要是工会会费。奥尔森指出，工会和其他公益组织只能通过仅向加入者提供“选择性的奖励”来获得成员。因此，奥尔森声称，让工人加入工会或其他任何追求获得公共福利的组织的唯一途径是，提供只有会员才能接受的选择性的奖励，如健康保险福利或工会赞助的社会活动。根据奥尔森的观点，集体行动的困境也说明了，为什么工会经常赞成“封闭式工厂”(closed shop)的实践，它要求所有新工人加入工会，从而防止工人“搭便车”。许多对政治科学十分重要的其他情境可以被描述为集体行动的情境，它们受到了“搭便车”问题的困扰，包括在选举中投票和参加革命。

对我们来说，重要的一点是奥尔森的理论必然依赖于“厚”合理性模型。为了对利益集团难以招募成员做出反直觉的预测，奥尔森的理论必须事先规定，群体成员追求的是哪种特定的利益，并且进一步防止这些利益成为利他主义的。在奥尔森的理论中个体劳动者必须将工会仅看作获得只有益于他们自己的福利的工具，如通过增加他们的个人收入或闲暇时间。工人可能不追求促进其他工人的财富或休闲时间，他们也不追求“最大化”依赖于规范性的福利，如他们通过促进工人团结而获得温暖的感觉。如果允许工人直接追求其集体福利，而不忽略对个人的狭窄兴趣的关注，那么奥尔森的理论也就失去了其有趣及广泛的预测，即当吸引潜在成员加入的选择性激励不存在时，工会就不会形成。相反，
71 这种理论必须考虑个例基础上工会形成的可能性，特定的工会是否会形成，在某种程度上取决于工人偏爱利己主义还是利他主义的目标。这也取决于，是团结的规范还是“自顾自”的规范在影响工人。如果允许工人受到这种规范的影响，集体行动的问题可能就会完全消失。放弃利己主义的假设可能有助于该理论说明利益集团形成和参与的实际情况，但这样做，该理论将失去简约性和做出反直觉的预测的可能性。

相反，我想代表波普尔指出，做出反直觉的预测或产生简洁的说明，并不是情境分析的目标。情境分析至多使用模型来说明，作为*一类*事件的实例的特定情境。从这个模型中，情境分析可以对在这种情况下可能发生的行为做出松散和初步的预测。但是，如此松散的预测至多只是对情境分析的次要关注点。正如我在第一章指出的（诺图洛认为），情境分析的主要目标是说明，即揭露情境要素，这些要素引导人们照现在的样子去行动，继而追溯其行动的影响，尤其是意想不到的影响。此外，情境分析提高了理解，因为它理解了，而非预测了行为。以其“厚”合理性模型，理性的选择理论可以预测，人们在各种不同情境下会如何行动。相反，对情境分析来说，什么可以算作理性行为，随着情境不同而有所不同，这就阻碍了对不同环境下人类行为做出精确的预测。但是，正如我们在第三章看到的，这种精确性的缺乏不应被视为情境分析的缺点，因为社会科学中的硬预测（hard predication）永远是难以捉摸的。真正的似规律的社会规则的缺乏、合理性原则和各种社会情境模型的虚假性、社会制度的可塑性、社会世界的巨大复杂性和俄狄浦斯效应都反对预测。尽管经济学理论的预测能力无疑是社会科学中最好的，但却仍然相当微薄。正如格林和夏皮罗指出的，经济学之外，理性选择理论的预测成功更让人没什么印象（Green and Shapiro，1993）。因此，“情境

分析缺乏生成新的预测或预测未来事件的能力”的批判已经失去了力量，因为没有哪一种社会科学方法论是以它这样做的能力为特征的。

理性选择理论和情境分析中包含的不同理性概念所产生的第三个含义，涉及对普遍性（universalism）的渴望。对理性选择来说，理性行为的标准通常被认为是跨文化的、超越历史的。也就是说，所有的理性选择模型都假定，无论时间或地点，当且仅当一个人追求效用最大化，并且能够对自己的偏好排序时，他才是理性的。厚版本的合理性也规定， 72
所有理性的人都要追求最大化某个特定的目标，如权力、财富、影响力或幸福。这些假设为此理论提供了产生关于各种现象的预测和说明的潜力，而这些现象又是跨文化和历史阶段的。相反，由于其内化的合理性概念，情境分析产生的说明范围必须受到时间和地点的限制。为了回到集体行动的问题上，对群体形成的理性选择说明可以假设，所有潜在的群体成员都追求最大化他们的私人财富，并最小化他们的劳动。因此，理性选择模型可以用来说明利益集团在不同地点和时间阶段内的形成，或消解。然而，基于情境分析的说明必须依赖于更多的特定的合理性概念。确定一个人在某一特定情境下做什么是理性的——也就是说，确定什么样的行为是充分的——就需要评估面对特定情境下潜在群体成员的成本和收益。但它也需要发现任何可能形成他的行为的意义、规范、传统或习惯。对于情境分析，什么是最重要的一个成本或利益，什么规范影响一个人的行为，可能会有不同的情况。“工人要加入工会，什么是合理的行为”与“人们要加入塞拉俱乐部，什么才是合理的行为”完全不同。团结的规范可能在说明工人的行为方面起着关键的作用，但与说明塞拉俱乐部的成员身份方面也许是不相干的。尽管波普尔显然意在将情境分析作为一种发展关于典型社会事件的模型的工具，但任何特定模型都可以说明的事件范围，必须要比理性选择理论提供的说明更局限。这就是为什么我把情境分析描述为一种旨在产生“中层”理论的方法。相反，理性选择渴望成为一种普遍的理论。

第三节　说明选民投票率：理性选择对情境分析

为了进一步强调情境分析和理性选择之间的区别，有必要详细考虑这两种理论如何被用于说明一种政治现象。理性选择理论关注的第一个政治领域是选民投票率。在安东尼·道恩斯（Anthony Downs）里程碑式的著作《民主经济理论》（*An Economic Theory of Democracy*）（Downs，1957）中，他试图将现代代议制民主中的低投票率，以及普遍的选民的冷漠，解释为公民为其情境的理性回应。具体而言，道恩斯认为，对公民来说，进行投票是非理性的（irrational），因为个人投票影响选举结果
73 的可能性非常小。因此，与投票有关的成本——如登记投票或开车去投票所花费的时间，以及与发展特定候选人的知情偏好相关的费用——超过了投票的潜在效益。此外，道恩斯认为，投票可以被看作一个集体行动问题。这样的好处是，投票过程可能对公民产生的效益——无论是狭义上将之看作，当他所支持的党派获胜时他获得的金钱利益，还是广泛地来看，视为他从住在一个民主受到支持的国家中所获得的利益——是公共福利。公民不会因为他没有投票就被剥夺特定候选人的政策所带来的好处。他也不会被剥夺生活在民主制度中的效益。因此，对公民来说，弃票是理性的。

道恩斯可能会通过强调成本和大选中单个一票的无关紧要如何发挥着阻碍投票的作用，来加强我们对低投票率的*理解*。事实上，一些经验研究表明，投票成本的相对较小的变化，包括恶劣的天气或当天设立和现场登记，都会影响选民投票率。然而，对选民投票率进行*说明*实际上仍然是理性选择理论的一个问题，而不是它成功应用的一个例子。如果选民在理性选择理论所规定的意义上是真正理性的，那么就没有人或

几乎没有人会参加投票。但是，当然了，选民确实会大量投票，即使在全国大选中，每一票对选举结果的影响也只是微乎其微。在西欧的许多国家，投票率通常超过合格选民的 75%。即使在美国大选中，全国大选的投票率有时也低于 50%，这是对理性选择预测的反驳而非确证。

一些理性选择理论者试图说明，其理论虽然明显缺乏证据，但他们仍然坚持自己的方法论。例如，瑞克和奥德舒克（Riker and Ordeshook，1968）表明，选民通过投票追求心理满足的最大化。他们认为，选民在履行他们所认为的公民义务、支持他们所偏爱的政党的义务、维护民主制度的责任或这些责任感的混合中，获得满足感。但瑞克和奥德舒克的解决方案有很好的理由可以让一些政治科学家感到影响深刻。尽管毫无疑问，责任感和公民自豪感常常是决定公民投票的一部分，但“迫使这种规范驱动的行为进入理性选择的范式”会消耗具有现实说明力的理论，正如我们上面看到的。如果允许我们将选民的行动描述为一种产生心理满足的手段，那就很难想象（依据理性选择理论）什么行动不可以被描述为理性的。发贞洁誓言、为美国中部的饥饿儿童捐款或帮助一位老太太过马路，都可以被描述为产生良好感情的工具性理性行为，这些感觉是人们遵循规范而产生的。说得更清楚一点就是，瑞克和奥德舒克 74
拯救关于选民投票率的理性选择说明的尝试是有特定目的的，并且几乎是同义反复的。关于选民投票率的非空（non-empty）理性选择说明都必须表明，与表面相反，选民自利地追求狭隘的个人的效益。例如，投票的潜在物质利益实际上可能超过了投票的成本，或者说，选举的情况并没有真正造成集体行动的问题，因为投票所追求的效益不是真正的公共福利。

一些理性选择论者试图以这种方式拯救该理论的应用。虽然有些政治学家承认一个选民的选票在选举中产生影响的可能性微乎其微，但他们认为，选民出于“规避她所偏爱的候选人以一票之差失去了当选机会的那种痛苦感觉”这一想法而投票，而这种可以被避免的情境驱使她去投票（Ferejohn and Friorina，1974）。这种方法实质上认为，从某种角度来看，不投票的潜在成本实际上比一般认为的要大得多。也就是说，人们还必须考虑一票之差可能会对弃票者造成怎样的精神打击。这种可能性可以激励人们出于害怕后悔而投票，因为如果他们支持的候选人以一票之差输了，他们会有强烈的后悔感。这种说明具有非平凡性的优点，并且似乎在理性选择理论的范围内，但不幸的是，它显然是错误的，至少在大多数情况下对大多数选民而言是这样的。几乎没有证据表明，有相当多的选民实际上经历了如此复杂的思维过程。此外，仍然有待商榷的是，这样一种“极小极大的后悔”理论实际上依赖于规范，因为弃票者在这样的情境下会有的后悔感，似乎是寄生于“做自己的公平份额”的规范。没有这样的规范，理性的人会认识到，相比自己支持的候选人的选举失败，他更应该负责的是，其他 5000 万支持这一候选人，但没有投票的人。他的愧疚应该分为 5000 万种方式，换句话说，使失去一票的可能性变得不受关注。

经过 40 多年的努力，用理性选择模型来说明投票的尝试显然是失败的。事实上，到目前为止，我们应该清楚的是，任何试图仅仅用理性选择理论来说明投票率的尝试都是相当愚蠢的，这一点很好地例证了，一个理论导向的问题变得完全脱离了经验现实，更不用说常识了。为自由民主政体投票显然受到多种因素的影响，而且在不同的个人和不同的群体中，各种因素的权重也不同。这些因素包括狭义理解的成本和收益，但无疑也包括公民自豪感、党派忠诚和民主责任感。此外，心理加工因素也可能影响投票行为。例如，人们通常高估自己在各种情况下的效用，并且有理由假设，这就是投票的情况。一般来说，人们很难理解事件发
75 生的概率。这样的误算是日常生活的一部分，它有助于说明玩彩票和其他形式的赌博现象（Kahneman and Tversky，1984）。

现在我们考虑一下如何用波普尔的情境分析来说明选民投票率。因为波普尔说，理性原则要求一个人在考虑到“行为者”感觉到的情境的情况下“充分地”行动，所以并没有要求一个人的行动必须完全由工具性的关注来指导。一个人出于责任感或忠于某种传统而行动，与一个人工具性地行动以获得某个目标一样，都是充分的。工具性行动和规范驱动的行动的结合也可以是充分的；有多种理由来执行一个行动是合理的。因此，如果我们希望通过情境分析来说明投票，我们可以用下面的方式来进行。我们首先要描述典型选民所面临的情境及公民为维护民主而尽责的社会规范及在选举中投票。典型的选民可能也会意识到，她的投票不太可能影响选举结果，并且投票带来的效益并不局限于投票的人。也就是说，她会意识到，通过投票获得的效益是公共福利。尽管如此，她仍感觉，投票的责任远远超过投票微不足道的成本。因此，选民通过投票来充分地行动。正如波普尔所要求的那样，我们要注意到，说明的分量几乎完全取决于情境的描述。选民仅仅通过做情境暗示她应该做的事情而充分地行动，并没有特别声称她依据规范行动，而非工具性地行动以追求一些切实的权益。把她的行为描述为规范和工具性计算的产物也没有任何错误。[4] 如果这个人的行为与情境所指示的似乎相反，那么波普尔认为，我们应该重新检查情境，以确保我们对它的描述是正确的。

然而，虽然波普尔的理论能够说明投票行为，但显而易见的是，它所提供的说明几乎没有什么价值。或者更确切地说，这种说明的真正价值来自揭示哪些因素，包括规范在内，影响选民行为经验研究。合理性的假设像探照灯一样，可能有助于发现这些因素。但补充说，一个人通过投票充分地行动，因为他所遵循的规范指示他应该这样做，并没有为此说明增加任何新的东西。理性选择说明虽然明显是错误的，但至少能够对选民行为做出简洁、广泛和反直觉的预测，即公民不会投票。在这种情况下，情境分析本身不会对投票行为产生令人信服的模型或说明。76 这并不是说分析投票行为不是政治科学家的重要研究领域。我只是想说在这种情况下，真正的工作是说明引导人们投票的不同价值观、信念和目标的形成，而不是要说明这些价值观、信念和目标被假定后的投票行为。后者仅仅是对显而易见的状况的迂腐重述。说明投票的有趣部分很有可能在于，发现那些引导人们接受对投票的特定信念和规范的因素，即探索关于投票的特定信念和规范态度起初是如何形成的，又是如何保持下来的。这一项事业的一部分肯定属于情境分析的范畴。例如，考虑到他的处境，对选民的政治发展的历史研究可能会揭示出，他关于选举的信念和价值观是理性的。但是，可以肯定的是，这种研究的其他方面肯定会超出情境分析的范围，因为选民的信念，尤其是他的价值观是通过社会化而产生和维持的，这在很大程度上是潜意识和无意的过程。在这种情况下，要说明投票行为在很大程度上属于政治心理学，而非情境分析的范畴。

第四节　澄清相互作用的复杂模式

我认为，情境分析对说明投票行为没有什么价值，但这一观点并不是对情境分析的深刻批评。并非所有的社会现象都是对情境模型进行说明的好的候选者。对社会科学来说，情境分析的适当主题是行为者与制度之间相对复杂的相互作用模式，尤其是那些产生有趣的非预期后果的模式。正如我们已经看到的，这是波普尔所谓的社会科学的“主要任务”，即发现“社会领域中不太明显的依赖关系”和“有意的人类行动造成的非预期的社会影响”，他补充说，“精确地依据意向进行的行动不会产生社会科学问题”（*OSE Ⅱ*：94，95）。情境模型揭示了产生这些非预期后果的行为者之间的相互作用。当然，人们可以用情境分析来描述几乎任何有意的人类行动，包括最微不足道的人类行动，如波普尔“行人理查德”的例子（*MF*：166–168）。但是波普尔使用情境分析来说明理查德过马路，并不是要表明情境分析为理查德过马路的原因提供了一些先前没有的理解。他只是使用这个非常简单的社会情境的例子，把情境模型的元素清晰地表达了出来。正如波普尔所说，“只要［个人］以自己想要行动的方式行动，并实现他们打算实现的目标，社会科学就不会出现问题”（*CR*：124）。

还有一些好的备选适合情境分析来探索，包括在《历史决定论的贫困》中波普尔关于社会学“规律”的列表，我在第三章对此进行了讨论。这些“规律”更好地被理解为需要通过情境模型来说明的现象的列表。例如，波普尔引用了一条规律，即“你不可以在不加强反对力量的情况 77
下引入政治改革，这些反对力量在某种程度上大致与改革的范围成比例”（*PH*：62）。波普尔将此称为“社会学规律”，但它缺乏可检验性所需要的精确性，即使是一个松散的、宽泛的解释，这也肯定是错误的。然而，它描述了一种与政治改革相关的，可识别且相当典型的可观察模式。因此，它是情境模型的备选，它可以证明，典型的人充分地行动来改革政治制度这一行动，是如何有助于加强反对改革的力量的。发展这种模型需要解释无数个体的行动，从而揭示一组行为者的行为如何引发其他组的行动，而这又进而引发其他行为者的特定行动，或反过来影响最初的行为者的行为，等等。我们希望，产生这种影响的相互作用模型能够被证明是一般性的，从而可以增加我们对各种政治情境中改革的理解。这个模型可能包括参与其中的行为者的各种目标、对行为者的制度约束，以及影响他们行为的规范。

说明非预期后果的情境模型的必要性，为说明为什么波普尔对经济学印象深刻提供了线索。经济学中充满了典型的现象，这些现象十分有趣，主要是由于它们产生了非预期的后果。最著名的是，亚当·斯密用

“看不见的手”来描述自由市场经济，它表明了人们为了自身的经济利益而行动，如何会产生更多的总体财富这一非预期却令人感到快乐的结果。事实上，波普尔本人引用了经济学的例子来说明，在特定经济情境下，人类的行为如何产生典型但非预期的后果。他注意到，购房者在市场上的出现如何会产生提高房价这一非预期后果，或一个人买保险的决定如何会产生，鼓励了其他人去投保这一非预期效应（*OSE Ⅱ*：96）。波普尔鼓励社会科学家发现经济领域之外，其他产生类似非预期后果的典型的人类相互作用模式。

不幸的是，波普尔并没有尽力表明情境分析如何应用于经济学之外。正如本章前面所指出的，他确实提到了“权力的逻辑”是政治学领域中这种行为的可能备选，但他未能详细阐述（*OSE Ⅱ*：97）。但他在脚注中指出，我们可以在柏拉图《理想国》（*Republic*）的第八章、第九章，亚里士多德、马基雅维利、帕累托等作家的多部作品中看到关于权力的逻辑的例子（*OSE Ⅱ*：324，n. 13）。关于《理想国》，波普尔显然指的是柏拉图对独裁权力的分析。他详细说明了一个获得政治权威的平民如何被迫以更残酷的手段巩固和加强他的权力，包括杀害最有能力的
78 大臣和自己的亲人（Plato，1974：306-311）。此外，他倾向于让奴隶、外援、游手好闲的人（罪犯和乞丐）和保镖围绕在他周围，对他进行保护，如果独裁者被杀或被夺权，这些人的利益会受到威胁。柏拉图对权力的分析旨在说明，为什么绝对的独裁政权通常会为恐怖统治。相比独裁情境的逻辑，这种现象与那些卷入独裁政权的个体的心理状况的关系并不大。这种情境实际上迫使独裁者采取无情的行动：

> 因为，[独裁者]必须对勇敢的、自信的、聪明的或有钱的人保持警惕。在这件事上他别无选择：他一定会把他们当作敌人来对付，直到他肃清了他们的群体。这就是他快乐状态的本质。（Plato，1974：310）

波普尔指出，正如我们在约瑟夫·斯大林和萨达姆·侯赛因指挥的血腥“肃清”中所看到的，柏拉图发现的逻辑在现代仍然发挥着作用。

我们还将《开放社会及其敌人》中包含的大量说明描述为，不被承认的关于政治现象的情境分析的例子。我们来思考一下波普尔对 19 世纪后期和 20 世纪早期欧洲共产党员的“内心矛盾”的解释（*OSE Ⅱ*：190–192）。[5] 波普尔认为，他们党派意识形态的核心宗旨是：工人阶级越来越严重的贫困化是不可避免的，最终会导致革命。然而，为了赢得工人的信任，党派必须努力改善工人的生活，尽管他们的理论认为这种努力一定是徒劳的。徒劳的斗争将产生双重效益，既提高了工人的觉悟，又向工人表明只有全面革命才能结束他们的苦难。“但是，”波普尔说，

> 与所有的期望和预言相反，这场战斗成功了。需要得到了满足。很明显，原因是他们要求的太少了。因此，我们必须要求的更多。但这些要求又得到了满足。随着痛苦的减少，工人变得不那么怨恨了，相比密谋革命，他们更准备好了为工资讨价还价。（*OSE Ⅱ*：191）

这就使得欧洲共产党扭转政策，“必须做些什么来让增加苦难的规律发挥作用”（*OSE Ⅱ*：191）。解决的办法是采用“政策制造各种各样的灾难”，如激起殖民地的动荡，即使并没有成功的机会。但是，故意使事情变糟的新政策引起了工人的怀疑。波普尔说，“他们是现实主义者，要获得他们的信任，就必须努力改善他们的生活”（*OSE Ⅱ*：191）。随着越来越多的工人退出党派，欧洲共产党开始扭转政策，再次努力减轻工人的痛苦。“就这样，这个理论的‘内在矛盾’产生了最后阶段的混乱。”（*OSE Ⅱ*：191）党派的目标和政策如此动荡，很难区分意识形态上的叛徒和忠臣。最后，这些梦想幻灭的人们要么退出要么放弃了他们 79
智识上的耿直——他们学会“盲目相信一些权威”，最终对“合理的说法也抱有敌意”（*OSE Ⅱ*：192）。

我不是要评价波普尔关于欧洲共产党的解释的有效性。我只想指出，它提供了典型政治现象的情境模型的例子。波普尔似乎把他的解释视作对“欧洲众多共产党发生了什么”的描述。他试图通过描述工人和党员如何（通过在其社会情境及信念的条件下理性地行动）产生党派衰败这一非预期的后果，来说明欧洲共产党的衰败。这一说明性的行为本质上是一种对工人和党员之间相互作用的澄清，从而揭示了导致党派衰败的机制。需要注意的是，它并不是对某一特定党派的衰败的具体的、历史的解释，它的目的是通过阐明情境的逻辑，说明一*种*事件——欧洲共产党中发现的走向衰败的一般趋势。波普尔的描述并没有一般地说明政治党派的逻辑；相反，它旨在说明欧洲共产党在一定历史时期内的逻辑。因此，它是一个中层的历史理论，处于独特个案和普遍理论之间。

总　　结

波普尔认为，社会科学的主要任务应该是揭示导致意想不到后果的人际互动的模式。经济学中的许多说明都是这样的。因此，在一开始，波普尔有点危险地被引导着建议其他社会科学采用经济学方法。但波普尔声称，情境分析只是经济学的方法，在他自己的工作或在与社会科学相关的例子中推广它是不可行的。虽然情境分析早期的构想清楚地模拟了经济理论这一点很明显，但波普尔提出的最终方案代表了一种完全不同的说明社会世界的方法。虽然它与一些经济理论分享了揭示人类互动的模式及其产生的意想不到的后果这一目标，但它不依赖于经济理论所使用的人类理性模型。

我在本章结束时指出，行为经济学理论比标准经济学理论更像情境分析。行为经济学家，如杜鲁门·比利（Truman Bewley）、罗伯特·希勒（Robert Shiller）、罗伯特·弗兰克（Robert Frank）和乔治·阿克洛夫

（George Akerlof），寻求对经济行动的思维过程更加丰富的理解。他们中
的许多人已经结合了由丹尼尔·卡尼曼（Daniel Kahneman）和阿莫斯·特
沃斯基（Amos Tversky）开发的一些心理过程的模型，这些模型描述了
人们用来解决问题的各种典型的心理“启发法”。正如我将在第六章中
所说的，情境分析将受益于将思维过程纳入其情境模型，即使这似乎与 80
波普尔的反心理主义相反。但是，除了开发更细致的人类思维模型，行
为经济学家也试图将规范纳入他们的说明模型。例如，比利探索了令人
费解的事实，即工资在经济衰退期间通常不会下降（Bewley，1999）。
标准经济理论预测，雇主应该在经济衰退期间降低劳动力成本，但由于
某些原因，雇主不愿意这样做，而宁愿裁减一些工人，而不是削减每个
工人的工资。然而，在许多尝试用标准经济模型说明这个令人困惑的现
象失败之后，比利决定考察实际的经济行为者必须对这个问题说些什
么。比利在与数百名雇主、劳工领袖和企业管理顾问进行广泛访谈后得
出结论，雇主不愿意在经济衰退期间降低工资，主要是因为它违反了工
人之间广泛共享的公平准则。比利表明，工人通常会惩罚那些削减工资
的雇主，即使牺牲自己的经济利益。雇主通常由于他们自己的公平感而
拒绝减薪，但更多是因为它违反了员工的公平感，因此损害了公司的士
气。比利说明的另一个组成部分依赖于关于人的心理事实——通常人们
对损失的厌恶要大于他对获利的偏爱，而普通人也趋向于不切实际的乐
观。工人倾向于大大低估失去工作的可能性，甚至在同事被解雇的时候。

通过将规范指导行为纳入经济行动领域，比利和其他行为经济学家正在使经济学越来越接近于波普尔的情境分析。如果这种新的经济学学派成为主导，那么，也许是具有讽刺和延迟意味的，波普尔声称情境分析是推广经济科学的方法这一说法将成为现实。

81 第五章　马克思对波普尔的影响

在上一章中，我们思考了情境分析的经济根源。我们发现，波普尔受启发于经济学方法，这一点也许并不奇怪，因为他与自由主义经济学家关系密切，其中最著名的当属哈耶克。但我们也看到，情境分析在其后面的构想中与经济学家的方法只有表面上的相似之处。本章将考虑波普尔的情境分析的另一个根源，它也许比经济理论更具影响力，那就是马克思主义。这一观点无疑会让大多数读者感到惊讶，因为波普尔被普遍认为是 20 世纪最具影响力和最强有力的马克思主义批评家之一。在马克思的传记中，以赛亚・伯林（Isaiah Berlin）宣称，波普尔“在所有在世的作家之前，已经对马克思主义的哲学和历史学说进行了最谨慎且强大的批评”（Berlin，1963：239）。众所周知，波普尔对马克思主义的主要批判在于，马克思主义是不可证伪的，因此不是一门具体的科学。据波普尔以前的学生伊姆雷・ 拉卡托斯（Imre Lakatos）所说，波普尔想要表明，一些所谓的科学理论，如马克思主义和弗洛伊德主义不是一般意义上的科学，因此它们并不比占星术好（Lakatos，1978：168）。

然而毫无疑问，波普尔对马克思思想的许多方面都持高度批评态度，但波普尔对马克思的批评并不像人们通常认为的那样彻底或片面。特别是，他并不认为马克思本人是伪科学的提供者——至少，他不认为马克思思想的所有重要方面，可以被描述为伪科学。我们将看到，波普

尔在马克思的作品中发现了许多值得赞赏的东西，他相信马克思对社会
科学方法论做出了重要的贡献。事实上，波普尔的情境分析与马克思用
来说明资本主义各个方面的方法非常相似。事实上，情境分析似乎在某
种程度上受启发于波普尔对马克思的方法的反思。这种启发并非来自波 82
普尔对马克思关于方法论零散且不一致的评论的思考。相反，它产生于
波普尔对马克思实际的说明实践的批判性介入，特别是在《资本论》中
的实践。本章的大部分内容将致力于辩护这一主张，但我把波普尔对马
克思的方法论和对所谓的分析的马克思主义者的解释进行了比较。这两
种解释惊人地相似，而且并非巧合的是，波普尔和分析的马克思主义者
提出的方法论路径也相似。当然，我的主张与传统的（但绝非毫无根据
的）作为对马克思的批判的波普尔的解释相矛盾。因此，在我们讨论马
克思对波普尔的教益之前，我们需要考察波普尔对马克思主义的批判。

第一节　波普尔对马克思的批判

到目前为止，我一直在考察波普尔对社会科学哲学的贡献。但是波普尔的名声很大程度上在于他的自然科学哲学和他的政治哲学。至于他的政治工作，波普尔主要被视为“开放社会”的支持者。波普尔对柏拉图、黑格尔和马克思都有批判，然而，波普尔对每一个思想家的评价都是完全不同的。波普尔认为，柏拉图是一个愚昧无知的天才，他费尽心力地努力创造最公正的城市，不辞辛劳地倡导会破坏个人自由、颠倒非议的可怕政权。然而，波普尔对黑格尔的谴责是不合格的。波普尔把他视为得不到救赎的学术骗子、机会主义者、普鲁士君主的仆人，用其影响深刻的权威但无意义的哲学体系迷惑了一代哲学家（*OSE Ⅱ*：27-80）。[1] 在此过程中，波普尔指出，黑格尔还为扩张主义及最终演化而成的法西斯主义奠定了哲学基础。波普尔认为，他想去讨论黑格尔，不是因为黑

格尔哲学的内在价值（波普尔认为黑格尔哲学根本没有内在价值），而是因为其对历史和哲学的消极影响。

波普尔对马克思的态度与他对黑格尔的态度形成了鲜明对比。虽然他深刻地批判了马克思，但也对他表示了极大的赞扬，称赞他是真正的人道主义者和人类自由的拥护者：

> 在没有认识到马克思的诚意的情况下，是无法对他做出公正的评价的。他思想开放、讲事实、不信任废话，尤其是说教的废话，这让他成了世界上最有影响力的反对虚伪和伪善的学者。他强烈地想要帮助被压迫者，充分意识到需要用行动，而不仅仅是用语言来
> 83 证明自己。（*OSE Ⅱ*：82）

波普尔补充道，“马克思热爱自由，真正的自由，（不是黑格尔的‘真正的自由’）”（*OSE Ⅱ*：102）。通过这些段落，波普尔告诉读者：不像虚伪的啰唆的黑格尔，马克思是一个人道的、诚实的学者，应该受到尊重。但是波普尔的钦佩不仅延伸到了马克思本人，还包括作为社会科学家的他：

> ［马克思］以多种方式打开并擦亮了我们的双眼。回到前马克思社会科学是不可想象的。所有的现代学者都受到了马克思的影响，即使他们自己都不自知。对那些不同意他的教义的人来说，尤其如此，比如我；我欣然承认，我对如柏拉图和黑格尔的看法，受到了他的影响。（*OSE Ⅱ*：82）

这些评论表明，波普尔彻底否定了马克思这一传统观点是错误的。波普尔不仅表示了他对马克思的赞扬，还声称他受到了作为社会科学家的马克思的影响。然而，与此同时，波普尔说他“不同意［马克思的］理论”，不久之后他告诉我们，这种分歧根本上是方法论上的分歧。波

普尔说，“马克思主义本质上是一种事实上非常差的方法”（*OSE* Ⅱ：84）。

这些评论令人费解。一方面，波普尔认为马克思是一位开创性的社会科学家；另一方面，马克思却提出了一种“非常差”的方法。这些看似矛盾的说法怎样协调？事实上，波普尔似乎并不相信马克思方法论的每一个方面都有缺陷，尽管他偶尔会有相反的辞藻。相反，他认为马克思的方法论中有些部分是好的。那么，我们的任务就是确定出，波普尔赞同马克思思想中的哪些部分，以及他认为马克思思想中哪些部分是存在缺陷的，以回顾波普尔对马克思主义的两次著名批评开始此研究应该是最符合逻辑。

当然，不可否认的是，波普尔是一位马克思主义批判家。马克思的哲学显然是波普尔《历史决定论的贫困》的批判对象之一，尽管整本书中马克思的名字只是偶尔出现了几次。[2]然而，在《开放社会及其敌人》中，波普尔对马克思的批判是持续的、明确的。事实上，这本书第二卷中超过一半的篇幅，专门探讨了马克思的作品。在《历史决定论的贫困》和《开放社会及其敌人》中，波普尔对马克思主义的批判与他对马克思方法论的批判密切相关。波普尔认为，马克思说明社会世界的方法不仅有根本的缺陷，而且他还认为这种有缺陷的方法还会引发一些不良社会后果。广义上讲，波普尔从两点来批判马克思的方法。第一，它是不可证伪的，因而不是具体的科学；第二，马克思的方法是一种历史决定论，它对社会说明来说，是一种普遍但却在科学上站不住脚的方法。我们接下来简要地思考一下这两条批判。

一、对不可证伪性的批判 84

马克思做出了很多从未实现的预言。他预言，工人阶级的工资将下降而不是上升，而资本家的利润率将下降。他预言，资本主义国家缓和商业周期的盛衰的尝试是无效的。当然，他预言，社会主义革命发生在最先进的资本主义国家。但波普尔说，这些预言的失败本身并没有削弱马克思主义的科学性。他说，“科学是通过试验*和*错误来进步的，马克思做出了尝试,虽然他的主要观点有错误,但他并不是徒劳无功的”(*OSE Ⅱ*：82)。波普尔认为，并不是对预测的证伪，使得理论成了非科学的；相反，首先是不能产生可证伪的预测使得理论成了非科学的。那么，根据波普尔的说法，有没有一些关于伪科学假装成合法科学的例子？其中他最喜欢的例子是占星术。占星术可能看起来是科学的，因为它根据在某种程度上一致的宇宙理论来进行预测。但要么是占星家的预言太过模糊以至于无法证伪，要么是他们产生了无限的特设假说来解释其预测明显的虚假性。

波普尔还认为马克思主义逃避了证伪。例如，他指出，马克思预言，第一场社会主义革命将发生在最先进的工业国——对马克思来说，是英国——但是，当然，第一次社会主义革命发生在经济落后的俄国。这与马克思主义的历史唯物主义理论没有丝毫背离，而是彻底颠倒了它。政治决定生产的力量，而不是相反。波普尔指出，革命首先是*政治*革命，当俄国是在列宁的指导下实现了工业化时，最终又导致了经济革命。但是，波普尔认为，当马克思主义者拒绝将俄国革命解释为对马克思主义的证伪时，马克思的理论就失去了具体科学的地位，“为了逃避证伪而对马克思革命理论的重新解释使它免受进一步的攻击”(*UQ*：43；也见于 *OSE Ⅱ*：108)。在面对俄国革命和其他明显的马克思主义的矛盾时，马克思的追随者们逐渐接受了“传统主义的扭曲”，从而使他们的理论免受证伪。也就是说，他们“重新解释了理论和证据以便让他们同意。就这样，他们把理论从反驳中拯救了出来，但他们却因此接受了一个使之更加不可反驳的策略”(*CR*：37)。在这样做时，波普尔说，“他们摧毁了很多［马克思主义］对其科学地位的大力宣扬”(*CR*：37)。

但波普尔的攻击针对的不是马克思本人。更重要的是，波普尔并没有批判马克思的理论是不可检验的——他没有说什么来表明马克思的预测*本质上*是不可证伪的。因此，马克思的方法必须区别于占星术和弗洛伊德的精神分析，这是波普尔最喜欢的其他伪科学例子。波普尔认为，这些理论本质上是不可检验的。占星术与精神分析产生的预测特别含糊 85
或模棱两可，以至于它们很有可能以一种与证据并不矛盾的方式来解释显然虚假的证据（*CR*：37）。波普尔并没有就马克思主义提出类似的主张；事实上，他将马克思主义称为“真正的科学理论”，并且指出有一部分马克思的“近现代追随者放弃了马克思主义的科学元素，他们是庸俗的马克思主义者”（*CR*：125，n. 3；也见于 *OSE Ⅱ*：101）。因此，与对波普尔的传统理解相反，认为（正如对波普尔作品进行仔细研究的学者，正如拉卡托斯经常做的那样）占星术、弗洛伊德的精神分析学和马克思主义构成了波普尔关于伪科学的三重奏显然是错误的（Lakatos，168）。在波普尔看来，只有前两个属于这个范畴。[3]

二、对历史决定论的批判

波普尔对马克思主义的第二个一般批判是，它其实是一种历史决定论——事实上，“最纯粹、最发达且最危险的历史决定论形式”（*OSE Ⅱ*：81）。但是，什么是历史决定论？波普尔认为，这是一种“社会科学方法，它假定，*历史预测*是他们的主要目标，而这一目标是通过发现作为历史演进之基础的‘节奏’或‘模式’，‘规律’或‘趋势’而实现的”（*PH*：3）。波普尔立足于逻辑和方法论，强烈反对历史决定论（也立足于伦理，尽管我在此并不讨论这一点）。他以揭露历史决定论的方法错误为主要目标，写了《历史决定论的贫困》，但他后来立足于逻辑，在《经典物理和量子力学中的非决定论》（*Indeterminism in Classical Physics and Quantum Physics*）中发展出对此学说简要的、有说服力的反驳。这一论点在 1957 第一次英文印刷出版的《历史决定论的贫困》的序言中再次出现。下面对此做一些简单的探讨。人类知识增长，未来的社会事件受到人类知识的强烈影响。然而，我们无法预测人类将在未来产生什么知识（否则我们就已经拥有了这些知识），因此我们不能预测未来（*PH*：vi-vii）。[4]我们要注意，该论点不需要反对严格的决定论，虽然波普尔反对决定论，正如我们在第三章看到的。人类历史的未来也许完全包含在其过去中，尤其是可以想象，所有人类的想法在某种意义上都是由过去的事件决定的（尽管波普尔自己认为，人类的思想经常向宇宙引入真正的新奇事物）。波普尔的论点只是规定，我们无法知道影响未来事件的所有力量，尤其是人类思想的力量。波普尔的所有论点都要求承认，人的思想进入历史因果链，并且思想不只是附带现象。即使强还原论的唯物主义历史理论也必须为人类思想的效力提供一席之地。没有严肃的历史唯物主义者——也绝不是马克思——认为社会事件可以在没有人类思想作为中介的情况下发生。

86 波普尔还在更广泛的立场上批判历史决定论。他不否认可以在历史中发现趋势或模式，或者关于这种趋势的知识可能提供给我们，一些关于人类未来有限的、相对短期的、充斥着例外的预言。他否认趋势或模式可以用来做出长期的历史预测。他说，典型的历史决定论的错误是，混淆了趋势或模式与真正的规律。与趋势不同，规律是绝对的和无条件的，它们不依赖于初始条件的效力。相反，趋势“取决于某些特定初始条件的坚持”（*PH*：128）。换言之，我们可以说，真正的规律总是有效的，总是作用于宇宙的，即使在某一特定时刻，规律的力量可能不明显，因为它的影响被其他规律“抵消了”。然而，趋势本身并没有任何力量或效力；相反，它们仅仅是某种条件和规律的结合的表现。改变了条件，趋势就会消失或改变。他指出，例如，

> 有一种积累生产资料的趋势（如马克思所说），但我们不应该指望它会在人口迅速减少的情况下持续下去，而这种减少又可能取

决于额外的经济条件，如偶然的发明，或者可以想象到的对工业环境的直接生理学（也许是生物化学的）影响。（*PH*：129）

但历史决定论者没有看到规律和趋势之间的这种重要差别。事实上，他们认为，他们所支持的趋势是“绝对的趋势”，不受条件的限制（*PH*：128）。

然而，波普尔确实承认，自然科学偶尔会产生相对精确的、长期的预测。但这仅发生在物理系统是“孤立的、静止的和周期性的”极少数情况下，例如，在太阳系中，彗星或日食的出现可以提前几千年得到预测（*CR*：339）。但是，社会世界不是孤立的或静止的，也不是周期性的，因此大部分社会科学家无法假定他们在历史中发现的任何趋势会继续下去。波普尔承认，人类社会可能会有一定的重复性，这可能会提供适度的预言能力。例如，

> 毫无疑问，新的宗教或新的专制出现的方式有一定的重复性；研究历史的学者可能会发现，他可以通过与以前的情况相比，在有限的程度上预见到这样的发展，即通过研究它们产生的*条件*。但这种对条件预测方法的应用没有走多远。因为历史发展最引人注目的方面是非重复性的。条件是变化的，与之前发生的迥然不同的情境会出现。（*CR*：340；波普尔的斜体）[5] 87

在这种情况下，社会科学家的目标应该是确定产生趋势的条件。一旦他们这样做了，他们就会意识到，产生趋势的条件能够且会发生改变，并且当这种情况发生时，趋势就会改变或消失。例如，历史学家可能发现人类历史上技术进步的趋势，与此同时，他们可能会发现一些可能促进技术创新的社会条件的一般情况。但这样做的话，他们也会意识到这样一个事实：这样一种趋势总是会受到破坏，如实行禁止科学研究的政治制度或流行病的大范围爆发。

波普尔认为，历史决定论的著名支持者包括柏拉图和黑格尔。按照波普尔的解释，柏拉图的历史决定论来源于他的下述信念，即宇宙万物都会有从其原始的、理想的形态衰变的倾向。波普尔将此称为柏拉图的“衰变定律”（law of decay），他声称，柏拉图认为城市属于受这种规律支配的实体。按照衰变定律所指导的自然历史过程，理想的城邦逐渐退化为（由军国主义阶级统治的）荣誉政治、寡头政治再到民主政治，最后到独裁。波普尔认为，《理想国》是阻止之中退化的一种设计（*OSE Ⅰ*：20–21；也见于《理想国》第八卷）。[6] 黑格尔的历史决定论可以被认为是与柏拉图相反的。历史不是从理想形态逐渐衰变的不可避免的运动，而是必然会走向理想。黑格尔所说的历史是“宇宙精神”或上帝的表现，通过地球上“理性”的发展而进步。因此，黑格尔的历史理论是目的论的、进步的（尽管波普尔声称，黑格尔的理论有意支持他的反动政治）。但与约翰·穆勒等其他“乐观主义的”历史决定论者的信念相反，黑格尔认为，历史是通过间接的、辩证的路线进步的，它并非是略显直接的进步过程。[7]

波普尔认为，马克思有时也犯过历史决定论的错误。马克思的历史决定论来源于他的历史唯物主义，或者更准确地说是一半的马克思的历史唯物主义，因为波普尔区分了此理论中的两个元素：一个历史决定论的元素和他称为“经济主义”的元素（*OSE Ⅱ*：106）。后者是“这样一个主张，即社会的经济组织，也就是我们与自然的物质交流的组织，是一切社会制度，尤其是对它们的历史发展的根本”（*OSE Ⅱ*：106）。波普尔拒绝接受经济主义；事实上，他认为，马克思的理论的经济主义代表了“社会科学方法非常有价值的进步”（*OSE Ⅱ*：107）。波普尔发现此理论的见解十分有价值，试图了解社会或历史现象的其他方面时，将经济条件视为“根本的”是很有帮助的（*OSE Ⅱ*：106），即经济主义为解释和说明社会世界，提供了一个十分有效的观点。但是波普尔说，我们应该只“在普通的模糊意义上”将经济视为根本的（*OSE Ⅱ*：106）。我们绝不能假定，经济条件在某种程度上决定了所有其他的社会现象。特 88
别是，波普尔的人类思想——无论是科学的、哲学的、宗教的还是道德的——都应该被承认是独立的和有效力的领域，即使对经济条件的考察可能会对其发展或长存作出解释（*OSE Ⅱ*：107；*CR*：332）。[8]

当然，波普尔说，必须拒斥马克思的历史唯物主义的其他元素——历史决定论的成分。但是，波普尔究竟如何理解马克思的历史决定论呢？波普尔引用了马克思使用社会的“必然规律”，并采用高度决定性的语言的段落（*OSE Ⅱ*：136）。[9]波普尔说，在研究人类的经济关系时，马克思认为他已经发现了历史发展的规律，这一规律预先决定了社会主义革命，以及最终的无阶级社会的出现。他引用了著名《资本论》中的一段话，马克思说，一旦“一个社会即使探索到了其自身运动的自然规律……它还是既不能跳过也不能用法令取消其自然的发展阶段。但是它能够缩短和减轻分娩的痛苦。”（*OSE Ⅱ*：86）。不难理解，波普尔将这一段话视为马克思接受了历史发展的规律。

但是马克思在此语境下的“自然规律”是什么意思呢？在说自然规律决定了社会的运动时，马克思似乎想的是李丹所说的“支配性规律”（Little，1998：240）。自然定律，如万有引力、牛顿运动定律和电动力学定律，都是支配性规律的范例。这样的规律“产生了某种特定事物的行为”；它们“产生或约束了这种事物的行为”（Little，1998：240）。万有引力和牛顿运动定律限制了行星在太阳系中的行为，并产生了它们的轨道。但也有“现象性规律”。这些规律本身并没有限制力或因果力，而是一定条件和一定支配性规律的结果。我们太阳系中行星的轨道是现象性规律。也就是说，轨道路径本身没有因果关系或限制力，与限制它们的自然规律不同。

波普尔在最初批判马克思的历史决定论时似乎指控的是，马克思错误地认为他发现了历史的支配性规律，他揭示了一些指导或限制着历史的超历史、超验力量。然而，有趣的是，当波普尔在考察马克思社会主义革命的预言和无阶级社会的出现时（在《开放社会及其敌人》的第 18 章和第 19 章），其真正的批判在于，他认为马克思允许“愿望思维”、神秘主义和浪漫情怀排挤他的理智和科学判断：

> 尽管马克思有着敏锐的推理力，试图运用科学方法，但他却允许非理性和审美的情感在某些地方夺去其思想的完全控制。这就是浪漫的、非理性的，甚至是神秘的愿望思维，它导致马克思认为，工人阶级的集体团结和阶级团结会在阶级状况的改变之后仍持续
> 89 下去。因此，它是愿望思维，是一种神秘主义的集体主义，是对文明的非理性的回应，这种回应导致了马克思预言社会主义的必然来临。（*OSE* Ⅱ：333；也见于 *OSE* Ⅱ：139，197）

此外，他批判马克思的预测“只有概述”，他未能具体说明其预测革命和无阶级社会的推理的细节。波普尔认为，想象力的贫乏导致马克思忽略了那些明显可能会阻碍其预言的发展（*OSE* Ⅱ：136）。例如，在对马克思的社会主义革命的预测的分析中，波普尔指出，马克思只是假设，因为无产阶级在反对资本主义的革命斗争中取得了胜利，所以无阶级社会将出现（*OSE* Ⅱ：138）。马克思的这一假设基于他的下述信念，即一旦生产资料被集体所有和控制，阶级冲突的所有根源就会消失。但是波普尔指出，即使社会中没有单个群体控制生产力，也有许多新的阶级分化的潜在根源。因而，波普尔清楚地阐述了一种设想（显然是为了描述苏联的事件，虽然波普尔没有明确说太多），在此设想中，革命的领导人可以在他们对官僚和政治机构的控制的基础上，形成一个新的阶级（*OSE* Ⅱ：138）。他总结道，马克思关于无阶级社会的预言本质上并没有错，只不过是“非决定性的”（*OSE* Ⅱ：139）。一般说来，波普尔

认为，马克思没有看到政治并不是无力的，国家干预可以改变甚至逆转许多趋势，而马克思认为这些趋势在资本主义系统下是无法改变的，如工人阶级越来越严重的贫困或越来越严重的资本集中（*OSE Ⅱ*：107，125–127）。

现在，与波普尔对历史决定论的一般批判不同，对浪漫的愿望思维、粗略的推理和想象力贫乏的指控并不是对马克思的方法论的深刻批判。前者实质上是对马克思的心理学评估，而后两者基本上都是对马克思未能详细阐述他的解释的细节的谴责。波普尔看到了马克思的推理中的缺口，但他并没有反对马克思使用的推理类型。值得注意的是，在他对马克思对资本主义的分析的仔细考察中，波普尔并没有批判马克思使用历史发展的规律，来预测资本主义的经济崩溃和社会主义革命。

总结起来这部分，波普尔确实批判马克思主义逃避了证伪，并且有一些历史决定论成分，这两个错误对波普尔来说，都使马克思主义的具体科学地位受到了质疑。然而，经仔细考察我们发现，波普尔对不可证伪性的批判不是针对马克思的思想本身。波普尔也确实批判马克思本人的历史决定论，尽管他指出马克思的追随者更应该对其历史决定论负 90
责。但我们看到，这一指控是针对马克思更彻底的关于历史与资本主义的命运的声明。在对马克思的社会主义革命和无阶级社会出现的预言进行仔细分析时，波普尔认为，马克思的说明中的缺陷并非源于深刻的方法论错误，如使用了支配历史发展的不存在的规律；相反，他们源于马克思想象力的贫乏、浪漫的愿望思维，以及粗略的推理。

第二节　马克思对波普尔的教益

我们对波普尔对马克思的批判的简单考察表明，波普尔的批判并没有通常想象得那么深刻，它为我的下述主张奠定了基础，即波普尔在方法论上其实受到了马克思的影响。断言波普尔受到了马克思的影响完全不令人惊讶；如上所述，波普尔明确承认，马克思影响了他对社会研究的理解（*CR*：125，n. 3；*OSE II*：82）。然而，关于马克思对他的影响的明确性质，波普尔却相当模糊。我下面将论述，波普尔与马克思的相遇似乎极大地影响了他对社会科学方法论的贡献。事实上，波普尔受到推荐的社会研究方法论的路径，包括他的情境分析的概念，都十分类似于马克思的一些实际的说明性实践，或者至少类似于波普尔对马克思方法的解释。那么关于社会科学，马克思教给波普尔些什么呢？

首先，马克思帮助说服波普尔，社会科学的首要任务是揭露社会行动意想不到的影响。波普尔在许多地方声称，这是社会科学的主要目标。他首先在《开放社会及其敌人》的第 14 章引入了社会科学的这一概念，与此同时，他探讨了他所认为的马克思对心理主义的攻击（*OSE II*：95）。在这一章的脚注中，波普尔指出，卡尔·波兰尼（Karl Polanyi）在私下谈话中，第一次跟他说，“马克思首次指出社会理论是对*我们几乎所有的行动的非预期社会影响*的研究”（*OSE II*：323 n. 11；波普尔的斜体）。几年后，在 1948 年《迈向传统的理性理论》（*Toward a Rational Theory of Tradition*）中，波普尔宣称他“受到了马克思的影响，*马克思是首次批判‘阴谋论’的学者之一*，首次分析特定社会情境中，人们的自愿行动的非预期后果”的学者之一（*CR*，125：n. 3；波普尔的斜体）。因此，虽然波普尔从未明确指出他从马克思那里借用了对社会科学的这种理解，但情况就是这样。

其次，波普尔似乎通过与马克思的相遇，发展了他的方法论个体主义。在第一章中，我们在他攻击心理主义和方法论集体主义的语境下，
91 思考了波普尔对这一学说的辩护。讨论主要来自《开放社会及其敌人》的第 13 章和第 14 章，波普尔探讨了马克思的说明性实践语境下的方法论个体主义。波普尔说，“马克思作为社会学家最大的贡献或许是”挑

战了心理主义，辩护了社会学的自主性（*OSE Ⅱ*：88）。虽然波普尔并没有将马克思称为方法论个体主义的倡导者——事实上，他（有点不一致地）批判马克思支持方法论集体主义，我们下面将看到，波普尔对马克思的说明的解释揭示了马克思的方法论个体主义。

此外，尽管波普尔最初独立于马克思发展了情境分析的概念，但波普尔显然认为马克思的许多说明都是情境分析的典型应用。和情境分析一样，波普尔所谓的马克思的“制度分析”，是对个体根据自己的社会状况理性行事的解释。此外，波普尔称赞的马克思的制度分析的例子，可以被描述为旨在解释一系列结构相似的情境的情境模型，而不仅仅是独特的说明。它们是为了阐明一般的资本主义，不仅仅是 19 世纪英国的资本主义。

为了支持这些主张，我们需要找到波普尔赞扬马克思使用制度分析、坚持方法论个体主义，以及揭露非预期后果的文本证据。波普尔用这样两个例子解释了马克思对资本主义下商业循环和阶级冲突的分析。

波普尔在《开放社会及其敌人》中说，马克思对商业循环及其与富余劳动力的生产的联系的说明，虽然也许不是对这一现象完全令人满意的解释，但仍然是“有独创性的”和“最有价值的”（*OSE Ⅱ*：179，197）。波普尔赞扬的是马克思试图说明这一复杂且令人费解的现象的方式，尽管他并不赞同马克思的说明的具体细节。马克思对商业循环的解释表明，经济大萧条、失业和不足温饱的工资是资本家和工人之间一系列复杂互动的不可避免（但却非预期）的结果。根据波普尔的说法，马克思的说明大致如下（*OSE Ⅱ*：180-181）。在经济高涨时期，失业率下降，因为资本家会从“工业后备军”中雇佣更多的工人，以增加产量。然而，随着失业者队伍的减少，资本家用赤贫工人代替工人的威胁（这些赤贫工人没有失业保险或其他支持，将会为了不足温饱的工资而工作）开始失去力量，工资也会趋于上升。而这又反过来提高了劳动力成本，重新刺激了机器取代工人，这在工资上涨之前是无利可图的。然而，随着越来越多的机器上线，资本家就开始让现在比较贵的工人走了。但最终失业人数会变得非常多，从而使得消费者的购买力开始下降，一些工厂被
92 迫削减生产，甚至出现部分设备闲置。因此，恶性循环开始出现：更多的工人失业，消费减少，导致生产再次减速等。届时，经济大萧条——或者马克思所说的“危机”——出现了。但经济复苏的种子已经在这种情境下出现。工业后备军的队伍已经壮大，其成员愿意为挣取不温饱的工资而工作。低工资使生产再次有利可图，经济复苏开始，完成了商业循环。马克思规定，随着每一个循环，经济大萧条的程度将变得更深，工人的痛苦会更大，最终导致整个系统的崩溃和社会主义革命。

正如我们看到的，波普尔批判此说明的最后一步，他认为，马克思未能真正说明越来越严重的经济危机，相反，他依赖于愿望思维和历史决定论的预言来弥补缺陷（*OSE* Ⅱ：181，197）。波普尔还指出，马克思未能预见到各种可能减少商业循环的严重性的国家和政治干预形式。但是，对波普尔来说，马克思的说明有什么优点吗？首先，它的一个明显目标是说明各种非预期的现象——失业、经济大萧条、最低工资——是如何成为个体在资本主义体系范围内行动的非预期社会影响（*OSE* Ⅱ：197）。马克思解开了个体与其社会和经济环境之间复杂的相互作用网，从而表明了这种相互作用网如何产生可观察的社会现象。当然，马克思并不是第一个注意到商业循环的人，但他是第一批对它们进行合理说明的人。与马克思相反，他那个时代的“资产阶级”经济学家甚至都不愿意承认商业循环，因为它们的存在与下述资产阶级理论矛盾，即自由市场不会产生生产过剩（Marx，1978：443-444）。[10]其次，马克思的说明遵循波普尔确定的方法论个体主义的原则。对波普尔来说，此原则并不需要将说明还原为对个体动机的描述或其他关于个体的外在事实；它只是反对认为意图或目标是超个体主义的（supraindividualistic）或整

体的实体，如国家、民族或阶级。个体对进行说明而言是必需的，但任何对社会现象的充分解释都需要描述个体所面临的社会环境，包括社会制度。马克思对商业循环的说明与方法论个体主义相一致。经济大萧条、失业和提高的生产力都是许多个体在其社会情境下理性行事的产物。马克思既没有试图将其说明还原为对资本家的倾向或工薪阶层的说明，也没有使用诸如阶级之类的整体实体来说明现象。

根据波普尔的说法，马克思关于阶级冲突的一般理论也表明了他的反心理主义和反整体主义。波普尔对此十分赞许，他指出，马克思认为阶级斗争是“制度性的”，而非存在于阶级成员身上。波普尔告诉我们，马克思看到，阶级利益是“客观的社会情境”的一部分，而不是一种心 93
理现象、“一种心理状态或一种对某事物感兴趣的感觉”（*OSE Ⅱ*：112）。特别是，波普尔指出，马克思并没有把阶级冲突解释为来源于资本家的险恶动机。波普尔说“我们必须承认”，

> ［马克思］有时会谈及贪婪和利润动机等心理现象，但从来不是为了说明历史。他把它们解释为社会体系的腐败影响的征兆，即历史过程中发展的制度体系，或者解释为腐败的影响而非原因，或历史的影响而非动力。（*OSE Ⅱ*：101）

波普尔认为，资本家并没有将雇佣劳动者直接作为某些恶意动机的结果。相反，资本家受情境的约束对工人进行压迫；他必须这样做，免得他失去在统治阶级的地位，并且可能最终成为无产阶级。波普尔说，“因此，统治者是由其阶级情境决定的；他们不能摆脱他们与被统治者的社会关系”（*OSE Ⅱ*：112）。此外，即使资本主义有行善的动机，他也不能大幅提高工人的待遇。如果资本家在对产品的需求量下降的情况下决定提高工资或留住员工，当更高效的企业比资本家的售价更低时，资本家及其工人只会破产（*OSE Ⅱ*：113）。

波普尔还称赞马克思对阶级冲突的说明避免了第一章探讨的“阴谋社会理论”的谬误——将非预期的社会现象归因于强势群体或个体的阴谋这一常见的错误。事实上，波普尔认为，马克思是第一批批判阴谋社会理论的学者，但他的观点对“庸俗的马克思主义者”不起作用（*OSE* Ⅱ：95-100；也见于 *CR*：125，n. 3）。根据波普尔的观点，“一般的庸俗马克思主义”认为，

> 马克思主义通过揭示对功利的贪婪和欲望的潜藏动机（这些动机驱动着历史场景背后的权力），揭开了社会生活的邪恶秘密；这些权利巧妙地、有意识地创造战争、经济大萧条、失业、饥饿，以及社会所有其他形式的痛苦，为了满足自己对利润的邪恶欲望。（*OSE* Ⅱ：100）

波普尔与马克思对阶级冲突的说明的唯一矛盾是，他认为马克思夸大了经济关系对决定社会现象的作用（*OSE* Ⅱ：116）。波普尔承认，将历史视为阶级冲突的历史，提供了一种潜在的启发优势，一般来说，经济关系应被认为对理解政治来说十分重要。但是，波普尔认为，人们不应该假定所有的政治冲突都可以追溯到冲突的阶级利益。这种做法的危险在于，它很容易把所有历史事件都看作阶级斗争，不管它是否适合。正如波普尔谈到的，依据阶级差异来说明中世纪的教皇和皇帝之间的冲
94 突，或依据欧洲“贫困的”国家和富裕国家说明第一次世界大战，这两个例子是阶级斗争范式的滥用（*OSE* Ⅱ：116）。

波普尔以下面关于“他是如何看待马克思的说明的成功”的观察，来总结自己对马克思的方法论的分析：

> 仔细考察马克思的成功结果表明，*我们看不到他的历史决定论方法在哪些地方使他成功，但可以看到制度分析方法*。因此，它不是历史决定论的分析而是典型的制度分析，从而得出结论：资本主

义迫于竞争而提高生产力。马克思的商业循环理论和剩余人口理论是以此制度分析为基础的。甚至阶级斗争理论也是制度的，它是控制财富分配和权力分配的机制的一部分，广义而言，这种机制使集体谈判成为可能。在这些分析中，典型的历史发展的历史决定论“规律”或阶段、时间或倾向没有发挥什么作用。另外，马克思更为雄心勃勃的历史决定论结论、他的“必然的发展规律”和他“不能跳过的历史阶段”，都不是成功的预测。马克思的成功只在于，他对制度及其功能的分析。（*OSE Ⅱ*：197）

在此我们清楚地看到，波普尔反对马克思的说明中的历史决定论元素，尽管他承认其制度分析的价值。正如波普尔所描述的，马克思的制度分析包含波普尔认为的好的社会说明的关键要素，即它们探索特定制度背景下个体行动者的理性回应的非预期后果。这种对社会说明的理解在后来形成了波普尔的情境分析概念的核心。我认为，波普尔说他受益于马克思就是指这一点。

第三节　波普尔和分析的马克思主义者

我想要以论述波普尔对社会科学的方法论建议，与那些所谓的分析的马克思主义者所主张的方法论十分相似，来结束本章。反过来，同样地，分析的马克思主义者对马克思的解读也类似于波普尔。声称忠于马克思主义的一批学者产生了一些当前最好的波普尔式的社会科学，这一主张非常令人惊讶。但我相信事实确实如此，并且在我看来，人们普遍错误地认为，波普尔关于马克思的观点更合理。

分析的马克思主义出现于20世纪70年代后期，包括埃尔斯特、约翰·罗默（John Roemer）、科恩、李丹等理论家。尽管这些思想家对马克思的理解和他们对社会研究的建议存在着重大的差异，但他们的一

95 些关键原则是一致的。特别是，波普尔和分析的马克思主义者都坚持方法论个体主义和以人类理性假设为基础的说明。

分析的马克思主义者坚持认为，所有社会说明都必须立足于“微观基础”（microfoundations），李丹将这一点定义为这样一个学说：“它主张对社会现象的宏观说明（macroexplanations）必须得到个体层面的机制的说明的支持，通过这一机制，假设的社会过程得以运作。”（Little，1998：10；也见于 Elster，1989：3-10）更具体地说，李丹指出，微观基础原则要求，

> 对说明性关系的断言（因果、结构、功能）在社会层面上必须补充两点：关于什么是典型个体的当地情况的知识，这种知识使得个体以一种产生这种关系的方式来行动；与关于聚集过程的知识，这种知识引导这类个体行动走向这种说明性的社会关系。（Little，1998：203）

李丹在其他地方将这种方法描述为一种以“制度的逻辑”为基础的方法（Little，1998：42）。根据李丹的观点，基于制度的逻辑的说明假定

> 理性的个体在结构化的选择条件下追求独立的目标。社会是由许多为了不同动机而行动的个体组成的。这些个体受到具体的刺激和条件的支配，它们限制了这些人的行动并将他们推向特定的方向。大规模的社会模式可以依据个体制定计划和行动的条件来说明。（Little，1998：42）

这种对微观基础和制度的逻辑的描述中隐含着对方法论个体主义的坚持，或者李丹说的这样一个原则，即“社会因果关系是通过何种机制为介导只取决于有意图的行动者的选择的结构环境”（Little，1998：

42）。也就是说，任何完整的说明都必须描述个体的行动是如何产生社
会现象的。在标准的情况下，这就需要描述个体所面临的社会情境和这
样一个假设，即个体对其情境采取理性行动，但个体层面上的机制也可
以基于社会心理学的研究结果。因此，分析的马克思主义者反对马克思
主义学者依赖整体主义说明的倾向，在整体主义说明中，对一些社会现
象的说明是根据超个体实体，如国家或社会阶层来表达的（Elster，1983a：
60）。对微观基础的坚持也使得分析的马克思主义者拒绝将功能主义或
结构主义作为有效的说明形式，除非它们有微观基础作为补充。特别是，
埃尔斯特还极力主张，社会科学中的功能主义说明——通常来说，它以
满足了社会体系的某种“需要”为基础，说明了一些社会制度的出现或
存在——总是不完整的。一个完善的说明需要揭露支持制度的出现或 96
延续的反馈机制，并且这一反馈机制必须依据个体来表达（Elster，
1983a：61）。

分析的马克思主义与波普尔关于社会说明的解释之间具有明显的相似之处。首先，坚持微观基础，特别是李丹的制度的逻辑，看起来很像波普尔的情境分析。二者都将其社会情境中理性行动的个体置于社会科学说明的核心。其次，与分析马克思主义者一样，波普尔倡导社会科学以方法论个体主义为基础，他和分析的马克思主义者理解这个术语的方法基本上相同。对他们来说，方法论个体主义是介于还原论心理主义和整体主义的方法论集体主义之间的中间地带。最后，分析的马克思主义者和波普尔都将在社会结构中行动的众多个体的非预期后果，看作社会研究的主要目标。

但波普尔和分析的马克思主义之间的相似之处不止于此。除了为社会科学提供了类似的规定外，波普尔和分析的马克思主义者之间另一个重要的相似之处是他们解读马克思的方式。分析的马克思主义者在试图认识马克思的方法论时，倾向于关注马克思实际的说明性实践，特别是

《资本论》中的那些，而忽略他对社会科学方法论少之又少的评论。换句话说，他们区分了马克思社会研究的外显理论和他的内隐理论，他们发现，马克思的外显理论对其内隐理论的描述常常是错误的。马克思在其内隐理论中试图通过依赖对特定社会和经济关系中行动的个体进行解释，来说明复杂的社会和经济现象。此外，分析的马克思主义者认为，马克思的方法是消极的，即它不寻求普遍规律来说明特定的社会现象，它也不将因果性关系概念化为恒常联结（Farr，1986）。相反，至少在它需要界定产生社会现象的因果机制的意义上，马克思的方法最好描述为一种实在论形式。对马克思来说，产生社会现象的机制是在结构化情境下行动的个体。此外，分析的马克思主义者在很大程度上忽视了马克思研究工作中的黑格尔方面或辩证方面。例如，李丹认为，19 世纪 40 年代早期马克思反对黑格尔的辩证逻辑是一种社会研究的方法，在基本上是因为黑格尔独一无二的对概念的先验分析只能揭示经验现实（Little，1998：33）。李丹承认，即使在其后来的作品中，马克思也确实偶尔会使用黑格尔的语言。但这些段落最好被理解为受马克思的黑格尔式青春所激发的修辞学飞跃，而非对马克思的说明方法的准确陈述。事实上，李丹主张，辩证逻辑对马克思的成熟作品中的实际说明没有任何作用，“当马克思认真研究他对资本主义的经验数据详细处理时，他把黑格尔的思想抛在了脑后”（Little，1998：31）。

97 诚然，波普尔与李丹对马克思的解读方式不同。上面我们提到，波普尔既看到了马克思方法中好的元素，也看到了坏的元素。坏的元素主要是马克思的历史决定论倾向，按照波普尔的解释，这种倾向使得马克思认为，历史规律可以用来预测未来。波普尔也强烈反对马克思思想中的辩证法因素，当然他完全否定马克思的作品中与黑格尔类似的东西。然而，重要的是，我们发现，波普尔在批判马克思的方法时，他倾向于把重点放在马克思关于历史更广泛的主张上，而不是马克思对某些社会现象或其他现象的严密分析上。当波普尔把注意力转向后者时，他发现了马克思的作品中有很多东西是值得称赞的。他发现了马克思基于制度分析产生了说明，也就是说，对在社会制度范围内的行动的个体如何产生社会现象的解释。因此，简单一点说，我们可以描述波普尔对马克思的解释和分析的马克思主义者的下述解读之间的区别。对波普尔来说，马克思在通过情境逻辑和方法论个体主义产生对资本主义的特定说明时，从事的是好的社会科学，但当他诉诸历史决定论和“黑格尔哲学的神谕”时，产生了坏的社会科学（*OSE Ⅱ*：198）。分析的马克思主义者实际上宣称，19 世纪 40 年代初，马克思放弃了大部分的黑格尔思想，开始了通过方法论个体主义和因果机制产生对社会现象的说明。黑格尔思想仍旧时不时出现在马克思的作品中，但它们不具有真正的方法论意义。

到现在为止，我对分析的马克思主义的讨论缺少对“分析的马克思主义者如何理解合理性”的解释。特别是，我没有讨论他们对理性选择说明的广泛支持。虽然把对理性选择理论在说明中的作用的相同理解归于所有分析的马克思主义者是不可能的（事实上有些分析的马克思主义者反对理性选择理论），我们一般可以说，分析的马克思主义者倾向于采用比经济学家更丰富的对理性行动的理解。分析的马克思主义者倾向于更加强调行动者所面临的体制环境，他们更愿意将规范纳入行动者的决策中。正如我们在第四章看到的，这也是一种对波普尔情境分析中暗含的合理性的合理描述。特别是，我们可以说，波普尔的合理性原则极大地类似于李丹所谓的“广义实践理性”（broadened practical rationality）（Little，1998：93-94）有着很强的相似性。像理性选择理论中包含的人类合理性概念一样，广义实践理性假设人是目标明确的，同时他们会衡量追求目标的潜在成本和效益。然而，理性选择理论更严格的要求——例如，个体总是能够始终如一地对自己的喜好排序，或为不同行动的成

果分配精确的概率——被放松了。李丹的方法既没有暗含严格的效用最
98 大化，也没有假设行动者只追求自己狭隘的私利。此外，李丹试图放弃对个体的选择语境的过度抽象或示意性描述，特别是将所有人际关系描述为本质上具有竞争性的市场的倾向。相反，李丹要求，行动者的选择语境包含对自然和社会环境的具体解释。最后，广义实践理性将规范纳入行动者的决策过程，将之概念化为对个体追求目标的约束或作为承诺，比如承诺致力于阶级团结。

总　结

我在本章中的目的有三个。首先，我想表明，波普尔拒斥马克思的方法论这一传统观点是错误的。波普尔对马克思的批判主要是针对马克思工作的庸俗化者，而且无论如何，这种批判并不像我们通常所认为的那么强烈。这一论点使本章的第二个主张更加合理：波普尔自己对社会科学的看法——他的反心理学、他对社会科学的主张，旨在揭示人类行为的意想不到的后果，以及他的情境分析概念本身——与马克思在《资本论》中的一些解释非常相似，至少像波普尔解释它们那样。事实上，波普尔在发展他对社会调查的观点时至少部分地受到马克思的启发这一点似乎很有可能。最后，我想揭示波普尔关于社会科学的建议与分析的马克思主义的密切相似性。他们的观点之间的相似性可以部分地通过他们对马克思方法的类似诠释来解释。也许具有讽刺意味的是，当代那些其解释实践最接近波普尔的社会调查建议的社会科学家都声称是马克思的合法继承人。但这个事实不应该是完全令人惊讶的，因为我希望这一章已经阐明过了。[11]

第六章　情境分析的缺陷 99

在本书中，我试图表明，情境分析为社会科学说明的概念化提供了一种有可能的模型，但我也批评了波普尔的情境分析。我认为应该将蕴含在情境模型中的社会制度理解为对行为者的行动的促进与限制。我也指出，与波普尔关于科学方法的说明之精髓相反，自然科学与社会科学方法的差异性似乎与其相似性同等重要。然而，这些对波普尔情境分析的反对意见绝非要求从实质上重塑作为方法的情境分析。承认“社会制度也许能促成行动，情境分析的解释学因素标志着社会科学与自然科学有显著差异”，这一点并不会改变构建或评估情境模型的标准，而仅仅需要略微改变我们对情境分析的理解。

在最后一章中，我想讨论我自己所认为的，作为一种方法的波普尔的情境分析所包含的两个重要且相关的缺陷。波普尔情境分析的第一个缺陷涉及情境分析的*范围*。在许多地方，波普尔声称情境分析应该是社会科学的唯一方法（*MF*：173）。但这种说法是不正确的。作为一种方法论，情境分析有很强的广泛性，但并非所有社会科学感兴趣的社会现象都在它的范围之内。特别是，情境分析通常不适合说明驱动情境模型的欲望、规范，以及（在某些情况下的）信念。当欲望和规范的形成是有意识和有意向的时候，情境分析可能是有用的工具。但更典型的是，人们通过潜意识和非意向性的过程来接受和发展欲望和规范。在这种情

况下，心理学和社会心理学提供了更合适的理论方法来揭示导致人们发
展特定规范和欲望的机制。另外，信念的形成，通常是由理性的探究所
100 支配的。但显然并非所有的信念都只是通过理性的过程而产生。就像欲
望和规范，人们经常通过潜意识机制来接受信念。如果它们是通过潜意
识的过程产生的，那么对欲望、规范和信念的研究显然就超出了情境分
析的范围。然而，很明显，社会科学必定对这样的过程非常感兴趣。

情境分析的第二个缺陷涉及情境分析范围*内*而非其范围外的潜意识心理过程。回顾一下，波普尔要求我们在构建情境模型时决不能放弃合理性原则。也就是说，我们必须继续假定，我们的模型所涉及的行为者总是对他们的情境做出“充分”的回应，即使表面证据有力地表明这种行为是非理性的。然而，基于乔恩·埃尔斯特的工作，我认为，合理性原则并不足以说明我们用情境分析来说明的所有现象。我将尝试表明，情境模型往往需要包含心理机制来说明非理性行为，以及非理性信念的形成。我承认，这是一个极具争议的说法，因为把心理学从人类行为的说明中驱逐出去，是其情境分析的核心特征。尽管如此，我认为心理学可以融入情境分析中，而不会严重违反波普尔的方法论精神。

我在下面的部分讨论了两个关于情境分析的一般性问题，并最后以对埃尔斯特的政治革命模型的分析结束。埃尔斯特的说明很好地例证了包含心理成分的情境分析。他的方法还为社会科学说明提供了一种模式，像情境分析一样，它将工具理性放在首位，但对引用非理性的和不合理的行动的说明也持开放态度，说明对合理性的预设并不成立。希望采用情境分析的社会科学家可以按照埃尔斯特的指示来进行研究。

第一节　情境分析的有限范围

我们现在回想一下，波普尔认为，情境模型中个体行动者的愿望和

信念被认为是模型本身的一部分。欲望和信念不能被概念化为情境模型中的个体的心理属性。它们将被转化为情境模型中包含的典型个体所持有的目标和信息。因此，该模型旨在说明一个抽象的“人”考虑到这种信息和信念，在这种情境下将如何行动（*MF*：168）。波普尔认为，模型中实际个体的实际心理状态与该模型试图说明的内容不相关。回到他关于行人理查德的模型，波普尔告诉我们： 101

> 我建议不要把理查德的目的和知识看作通过心理学方法来确定的心理事实，而要看作*客观社会情境的要素*。并且，我建议把他赶上火车这一实际的心理目标看作与解决我们的特定问题无关，解决我们的特定问题只要求，他的目标——他的“情境目标”——是在保证安全的情况下以最快的速度通过马路。（*MF*：167-168，波普尔的斜体）

波普尔接着说道，对理查德在努力完成过马路的目标时在思考威尔第的歌剧还是梵语文本，我们并不感兴趣，他这样做时并不是有意识的。简言之，理查德的心理状态，包括他意识中的目标，并不是严格相关的；相关的是与其主观目标相反的他的客观目标。建立在情境模型中的目标——不管出于什么原因都使我们感兴趣的目标——是行为者的客观目标。因此，正如我们在第一章看到的，情境模型可以被理解为理想类型，而非特定社会情境的完整副本。我们没有试图重建行为者和所有复杂的情境，只有某些突出的特征得到了重建。

本章的下一部分将探讨从情境模型中完全驱逐心理学带来的一些问题。但在这里我想指出，即使我们排除了情境分析中所有的心理学因素，把主体的欲望和信念（包括他的规范信念）变成我们的模型的客观属性，我们仍旧必须注意关于欲望和信念形成的问题。即使那些欲望、信念、规范转变为我们的情境模型中的目的和信息，但模型中表现的抽象目标和信息仍旧假定了行为者持有的某些实际心理欲望和信念。也就是说，情境模型中抽象的目标和信息在根本上是特定的人的真实欲望、信念和规范的表征。

然而，波普尔似乎只关心，*考虑到*特定个体的信念和目标，社会制度中发生了什么。对波普尔来说，社会研究的主要目的是揭示个体行动的复杂的相互作用如何产生社会现象，特别是非预期的后果。他对说明相关的行为者最初如何持有他们的信念和欲望没有兴趣。波普尔缺乏对欲望和信念形成的兴趣，可能源于他对经济学的关注。如前所述，波普尔认为经济学是最高度发展的社会科学，他总是求助于经济学来表明关于社会说明的观点。鉴于他对经济学的兴趣，我们就不难理解，为什么波普尔将解开复杂的社会过程看作社会研究的首要目标。在说明经济的复杂内部运作时，经济中个体行为者的欲望、信念和规范的原因可能相对来说在理论上没有什么意义。他们的信念和目标可以被抽象化、过分
102 简单化。用波普尔的一个例子来说，典型的购房者在市场上寻求以最低的价格购买最高价值的房子（*PS*：352）。波普尔感兴趣的是购买者的行为在社会系统中如何产生影响，而非他最初如何对一个房子产生欲望。但是，尽管经济学一般不关注信念的形成，更不必说欲望的形成，但信念、规范和欲望是如何产生的对其他社会科学来说是非常重要的。[1] 正如我们在第四章看到的，如果像例子中展现的那样，关键在于理解形成投票的规范，那么情境分析就不太可能增强我们对选民行为的理解。事实上，情境分析在投票问题中的应用只不过重新叙述了明显使用的贫乏的学术语言。它仅仅将选民的行为描述为理性的，因为选民认为他们应该投票。关于投票行为真正的理论意义的问题是：这种信念的确切性质是什么，这种信念来自何处？社会科学家试图确定公民责任感（或任何形成这种行为的价值观）是如何产生和维持的。

当然，并非所有的规范和欲望的形成都不属于情境分析的范畴。就

规范是通过有意识的和有意向性的过程形成的意义而言，情境分析能够阐明它们的形成。例如，一个人可以通过哲学研究，或通过对自己的经历的理性思考，有意识地接受某些价值观。但规范和价值观的形成在某种程度上是通过非意向性的潜意识过程发生的。比如，政治规范和价值观主要是家庭和同辈群体的社会化的产物——显然，还有基因遗传（Alford，Funk and Hibbing，2005）。不探究这种过程之本质的政治学是十分单调的。欲望也可能是理性的、意向性的行为的结果，就像所谓的性格规划一样。一个人可能会决定某些欲望更受尊敬、成熟或高尚，然后试图发展这种欲望。例如，一个人可能会通过参加品酒课程或古典音乐研讨会，有意地培养对美酒或古典音乐的欲望。但性格规划肯定是例外，它不是规则。对大多数人来说，欲望是非意向性的因素和机制的结果，如社会化与生物进化。

当然，信念经常甚至在通常情况下，通过理性过程得到发展。科学是理性信仰形成的范例。通过反复试验和一般性批判研究，科学家可以培养出理性的信念。正如第一章所指出的，波普尔认为，科学史可以被描述为问题情境的历史。对科学的问题情境的研究，应该从众多其他事物中揭示出科学家是如何采纳他们的科学信念的。[2] 对波普尔来说，情境分析是揭示信念形成过程的方法论工具。这种方法可以应用于人们通过理性批评发展信念的各种情境。此外，基于波普尔的观点，我们可以指出，*所有的*信念都是反复试验的产物。就反复试验是个体的信念形成 103
的理性、有意识过程而言，情境分析可能有助于说明一个人如何来持有某种信念。但关于世界的信念——被广泛地理解为期望或偏见——也可以通过无意识的、非意向性的反复试验过程而形成。我想到了通过自然选择的进化机制而产生的期望、直觉和本能。所有的动物，包括人类在内，都蕴藏着大量的这种信念，波普尔首次承认了这一点。但是，当然，我们不能用波普尔的合理性原则来说明本能的发展。本能形成的过程并不依赖于个体的理性行为，而是依赖于随机的基因突变和自然选择。此外，有些信念既不是自然选择，也不是理性批评，而是潜意识的社会化的产物。

因为情境分析在方法论上不适合于说明所有信念、欲望和价值观的发展，所以很显然，情境分析在方法论上是有限的。因此，正如波普尔所宣称的，情境分析不可能是社会科学的唯一方法。但这种对范围的限制决不会质疑情境分析对阐明各种社会现象的有用性。事实上，情境分析和力图说明潜意识、非意向性的欲望、价值观和信念形成的研究模式之间有明显的劳动分工。我们可以说，其他这些方法提供了情境模型中的目标和知识。这也许符合波普尔对情境分析的理解。事实上，他主张将社会科学或社会学定义为这样一个研究领域，它关注于说明社会世界中不能还原为心理学的各个方面："因此，描述这一社会环境的任务就是社会科学的根本任务。将该任务分配给社会学或许比较合适。"（*ISBW*：78）然而，因为对我们通常描述为社会科学的许多研究来说，说明信念、价值观和欲望的形成是极为重要的，所以这样的定义似乎过于狭隘。

第二节　非理性和情境分析

我们已经看到很多类型的社会利益现象的社会研究——非意向性的和潜意识的现象——*超出了*情境分析的应用范围。但是，如果我们关注合理性原则在情境分析的*范围内*是如何不充分的，我们就必须关注有意识、有意向性却非理性的行为。要解决这一问题，我们可以把非理性划分为两种——非理性行为和非理性但有意向性的信念形成。[3] 当然，行动被定义为有意识的、有意向性的，并且往往是理性的。但是，当一
104 个人违背自己的目标和信念而行动时，行动就可能被认为是非理性的。

关于信念的形成，人们一般不会有意地形成特定的信念，因为他们通常不直接*选择*去相信什么。如果他们这样做了，这就常常涉及自我欺骗——出现在所谓的愿望思维中。但是，人们经常使用有意识的、有意向的过程来生产基于理性的信念。在这个意义上，我们可以说，信念的形成是合理的、有意向性的。正如在本书中所讨论的，对波普尔来说，通过一个容易受到批评的过程而产生的信念——无论是通过经验证据还是逻辑论证——都可以被视为是基于理性的。这种理性的信念形成类型可以通过情境分析得到阐明。

现在我们详细考察非理性行动和非理性信念形成的情况，以了解为什么情境分析不能对它们做出充分解释。

一、非理性行动

波普尔不否认行动可以是非理性的。在《模型、工具和真理》中，他对非理性行为进行了两种分开的讨论。最持久的讨论是在“非理性行动”副标题下进行的（*MF*：178）。他在此题目下讨论了两种类型所谓的非理性行动。第一种来源于行为者未能理解其情境的所有相关方面。从客观观察者的角度——所有相关的情境细节都被知晓的角度——来看特定的行动可能是非理性的。然而波普尔指出，这种明显的非理性行动往往是从行为者有限的角度来看是理性的。也就是说，行动对于*看到情境的人*是适合于情境的。注意到丘吉尔的名言“战争没有胜利，只有失败”，波普尔以不可避免的战术失误作为例子，它代表了领导者在战时的行动（*MF*：178）。波普尔认为，这样的失误一般是因为领导者由于战争的迷惑，关于情境的知识有限。为了在坚持合理性原则的情况下说明这样的行为，波普尔说，情境分析者必须“重建比行为者更广泛地看待情境的视角”（*MF*：178）。他继续说道：

> 要这样做就必须通过这样一种方式：依靠这种方式，我们可以看到，行为者（基于他们有限的经验、有限的或过分夸大的目的、有限的或过于激动的想象）看到的，情境在他们看来是如何且为什么引导他们这么做——补充了他们缺乏的情境视角的。（*MF*：178）

但是请注意，波普尔并没有真正将真正的非理性的情况描述为我所定义的那样。波普尔例子中的战争领导者不会违背他们自己的信念和目标来行动。相反，考虑到他们的信念和目标，他们的行动是适当的，因此只是表面非理性的。一旦他们真正的目标和信念被明确，并且结合对
105 其客观情境的解释，他们行动的非理性就会消失。这似乎说明了为什么波普尔在章节标题的“非理性”上加了引号。[4]

波普尔继续对非理性行动进行研究，他接着探讨了对“疯子”的行为的说明（*MF*：179）。他再次建议情境分析者结合对情境的客观描述发展，对疯子关于情境的目标和信念进行详细的解释。疯子的目标可能看起来奇怪，他的信念也完全是没有根据的，但在他自己的世界中，他的行为可能确实是理性的，即他的信念和目标是一致的：“理解他的行动意味着，根据他看待问题情境的视角来看它们的充足性，即他疯狂的错误观点。”（*MF*：179）然而，一旦情境得到了更充分的描述，行动表面的非理性就消失了。于是，波普尔讨论了我们如何使用情境分析来说明疯子是如何持有其“疯狂的错误观点”的。但是这个问题就变成了关于非理性信念的形成，而不是非理性行动的问题。

因此，尽管波普尔承诺要讨论非理性行动，但他试图表明，非理性行动往往是一种错觉。正确应用的情境分析常常会驱散这种错觉。一旦行为者的信念和情境得到恰当的描述，我们通常就会发现，他在恰当地行动。然而，波普尔对真实的非理性行动而不仅仅是表面上的非理性行动做了简单的描述。在《模型、工具和真理》中的其他地方，波普尔思考了非理性行为的例子，一个慌乱的司机在停车场附近疯狂地开车，继

续寻找停车位，尽管他意识到停车场已经满了（*MF*：172）。虽然波普尔没有这样说，但他认为司机的行为是非理性的原因大概是他的行为与他的目标和信念相矛盾。司机想停车，他知道车位都是满的，但他继续这样做就好像他不知道一样。在第一章我们指出，波普尔以这个例子来表明，真正的非理性行动确实会发生，因此他的合理性原则绝不是空洞的废话。尽管如此，波普尔似乎认为，此非理性行动的例子并不重要，不管怎样在他看来，它都不改变情境分析的方法论。然而，这个看似不重要的例子实际是很重要的，因为它指出了情境分析的一个重大缺陷。波普尔应该努力探索它对其理论的重要影响。尽管如此，他确实提出了一些论点，旨在说服读者，对合理性原则的背离虽然是真实的，但并没有主张情境分析的替代选择是一种方法论。将这些论点看作我们批判的出发点具有指导意义。

首先，波普尔说，我们在假定一个人的行动总是对其情境的理性的回应时，我们会“了解到更多”（*MF*：177）。如果我们坚持这一假设，即使有相反的强有力的初步证据，它也将引导我们更深入地探索个体的情境。波普尔常常说，我们会发现，情境与我们最初假设的迥然不同。106
一旦情境得到了适当的描述，人的行动会被认为是理性的。正如第一章所指出的，出于这个原因，合理性原则可以说是一种“探照灯”，有助于阐明可能最初并不明显的情境。坚持合理性原则的第二个优势是，我们最大化了我们的情境模型的客观性，从而使它们可以面对批判。合理性原则要求我们把关于个体的心理事实转化为情境的特征。波普尔说，这又会使得社会说明成为*客观的*，因为情境的要素可以面对公开考察，所以可以面对批判，对波普尔来说，这是科学研究的必要条件。事实上，他将情境分析描述为社会科学中“*完全客观的方法*，这很有可能被称为客观理解的方法”（*MF*：177；波普尔的斜体）。相反，波普尔说，说明的心理成分仍然是*主观的*，它存在于个体的头脑中，因此，很难去批判

（如果可以的话）。于是，理解一个人的行动，就成了对他的情境进行详细的描述，而不是尝试着描述个体的心理状态。波普尔说，合理性原则的第三个优势是，缺少它“似乎就会导致我们的模型构建彻底具有任意性”（*MF*：178）。波普尔并没有详细阐述这一观点，但他似乎认为，如果我们不首先假定我们的社会模型中的个体是在理性地行动，就很难知道该从何着手。对大量的个体相互作用的复杂社会现象，情况更是如此。

我们是否应该顺应这些论点，永不放弃合理性的假设？我认为不是。关于第一个论点，毫无疑问，通过坚持合理性原则，最初看起来的非理性行动可能被认为是对行为者的情境的理性回应，而这些情境是我们从未预见或甚至想象到的。由于坚持合理性的假设，情境的模式可能会变得更加详细和精致，即正如波普尔所说，我们将了解到更多。但是，如果在对情境做出详尽的说明之后，该行动似乎仍然是非理性的呢？我们要放弃说明吗？当然，在某种情况下，我们必须要考虑到，行为者实际上并没有理性地行动的可能性。但一旦达到这一点，对行为的说明就不需要了，只需简单地宣布行为是非理性的即可结束。我们必须进一步尝试着把这一非理性行为归类为*某种类型*的非理性行为。这通常需要确定产生这种行为的特定心理机制。跟着埃尔斯特，我们可以将心理机制定义为“经常发生的且容易辨认的因果模式，它们在未知条件下或不确
107 定的后果的情况下得到触发”（Elster，1999：1）。埃尔斯特说，我们往往能够确定某些心理机制，即使我们无法阐明触发它们的精确条件。换句话说，我们可能无法预测其发生，但当我们看到它们时我们知道它们。埃尔斯特鼓励人们努力发现触发特定心理机制的可能条件，但他承认，这种预测能力可能永远都会超出社会科学的范围。尽管如此，我们回顾性地将某些行为归类为典型的因果模式类别的能力，赋予我们些许超越了单纯的描述的说明力。

让我们回到司机的例子。波普尔使用一种精神上的混乱——司机是

慌乱的——来说明他为什么要做奇怪的行为。因此，这样的说明依赖于对司机的心理状态的描述。波普尔认为，他对司机的行为的说明蕴含了一种心理解释，“因此我们寄希望于，即使我们依据心理机制来行动，而这一*心理机制*的进化在理性上是可以理解的，我们也没有理性地行动”（*MF*：172；我的斜体）。[5] 在这里，波普尔似乎认为，司机的激动反应可以解释为自然选择的产物。在高度紧张的情境下（在人类史前时期危险事件经常会触发这种情景，如遇到剑齿虎或乱窜的猛犸象），人们通常变得非常激动，这伴随着多余的肾上腺素的释放。这可能会为受伤的人们提供能量或减缓失血，从而有助于在事故中幸存下来。然而，这种激动妨碍人们的判断力。尽管合理性下降，但平均的激动状态增加了人类在进化史历程中的生存性。因此，这种反应的进化可能是在这个意义上被视为合理的，但引发压力反应的这个过程在波普尔的合理性原则的意义上是非理性的。它既不是有意向性的，也不是有意识的，正如波普尔的例子所表明的，在现代社会中，压力反应会产生非理性的结果。

现在，波普尔的例子提出了这样的问题，考虑到他关于激动的司机的例子，他为什么继续坚持认为，没有任何心理成分的情境分析是“社会科学的适当方法”呢（*MF*：173）？通过拒绝放弃合理性原则我们必然会了解得更多吗？显然不是，因为我们当然可以通过从对司机的行为的理性说明转变为心理说明而了解一些事情。如果通过心理学实验，我们可以产生更精致的关于司机表现出的激动/沮丧反应的模型，我们也许能更好地描述和预测司机的反应的确切性质。例如，我们可以更深入地理解触发这种反应的条件、这种激动的反应的通常持续时间，以及挫折反应可能产生的特定类型的攻击行为。

当然，心理说明的潜在价值并不一定建议说，我们应该简单地用基 108
于合理性原则的说明来代替这种说明。相反，从更可辩护的立场来看，它似乎认为，社会科学家应该从合理性的假设出发，但一旦依赖于它的说明已经无力再进行说明，我们就要做好准备抛弃它。合理性原则的探照灯属性是很有价值的，在寻找替代性说明之前，应该彻底地加以利用。但我们在寻求替代性说明时，那些基于行为的心理模型的说明往往是最有用的。我们有理由认为，社会科学可以——并且确实——受益于非理性行动的心理模型，挫折反应就是其中一个例子。挫折是一种情感，可以干扰或扭曲判断。如怨恨、愤怒、喜悦、悲伤、沮丧等都可以产生非理性行为。

当然，情感是非理性行动的唯一来源。意志薄弱是非情感所引起的非理性的重要来源。当一个人更深层、更基本的目标受到（他自认为的对其目标的）束缚而挫败时，这种情况就会发生。因此，意志薄弱就会展现出这样的情况：某些人不采取他认为最有利于获得其目标的行动。但是，这个概念是有争议的，因为意志薄弱可能被描述为依赖于“低”与“高”的目标之间的形而上学区分，或“真实”与“非真实”的欲望之间的形而上学区分。但这一概念的形而上学成分可以通过仅仅依靠于冲突欲望的自我陈述，而非真实的欲望或更高目标的哲学陈述而被回避。个体往往会经历某些欲望，从而抑制对自认为更重要或根本的目标的追求。例如，有些人会吃甜甜圈饼而不是进行慢跑，从而破坏了他减肥的目标，而他认为减肥是比垃圾食品的短暂欲望更深或更根本的目标。他发现对垃圾食品的欲望束缚了他的目标。不过，有人可能会反对，行动而非自省或叙述性偏好，是偏好的最终指示。我们可能会认为，若一个人接受了诱惑，那她其实更偏爱直接但微小的快乐而非长远目标，即使她将遥远的目标描述为更深刻或更基本的。然而，这种说法是没有说服力的，因为下述观点，即行动而非自省，是我们的欲望将偏好变成了副现象唯一合理的指示。因此，欲望对情境模型来说成了多余的。真正重要的是人们的行动。这一极度行为主义的模型显然与波普尔所设想的那种情境分析不同。波普尔关于人类行动受理性指导的概念要求知识、目标和行动保持分析性的分离。在这种情况下，对情境分析来说，意志薄弱似乎仍然是一种理论上可能的非理性行动。意志薄弱的可能性对社会 109
研究来说并不重要。不过，即使人们反对将意志薄弱视为真正的非理性行动的例子，由情感触发的非理性行动的实在性似乎仍然是无可争议的，这些现象必须以某种社会科学方式得到处理。

因此，波普尔的论点，即通过坚持合理性原则，我们必定能了解得更多，是没有说服力的。那么，他的下述论点呢？即情境因素会受到客观批评，而关于个体的心理主张通常不会。为了辩护这一主张，波普尔使用了历史学家试图说明查理大帝的行动的例子。波普尔认为，说明查理大帝关于一些有趣的历史事件的行动的最好方法是，重建皇帝的问题情境，从而使得他的欲望和信念成为客观的目的和理论。波普尔说，这种方法“肯定是一种特别的方法，但它肯定不是一个心理方法，因为它在原则上排除了所有的心理元素，并以客观的情境元素取代了它们”（*ISBW*：79）。这种方法是很有吸引力的，因为

> 上面所有的情境分析都是理性的，在经验上是可批判的，并且能够提高。例如，我们可以发现一封信，这封信表明，查理大帝所使用的知识完全不同于我们在分析中假设的。相比之下，心理的或性格的假说几乎是不可批判的。（*ISBW*：80）

但这种说法肯定是错误的。我们很容易就可以想到，客观的、可批判的关于查理大帝的心理状态的证据，会影响到他的行为及他对情境的感知。我们可以想象另一封信，它来自查理大帝的密友，描述了今天我们可能随后认识到的躁狂抑郁症或阿尔茨海默病或其他精神疾病的早期症状，它们可能解释了查理大帝令人费解的行为。或者其他第一人称的叙述可能描述了查理大帝的猜忌本质或暴躁，这些使他看不到其追求的愚蠢。这些发现是客观的、可批判的，按照这样的方式，

从波普尔所想象的信中获得的知识也同样如此。正如波普尔所说，“在原则上”排除这样的证据显然是错误的（*ISBW*：79）。当然，我们通过假设一个人的理性并且甚至尽可能地向前推进这个假设，开始尝试着理解这个人的行动，也许确实是有道理的。但是，一旦理性说明已经无力再进行说明，我们就没有理由反对使用心理因素来说明一个人表面上的非理性。

毫无疑问，关于某个特定个体的心理状态的历史记载——其个性、心理健康或智力——可能断断续续。在这种情况下，唯一可行的方法论策略可能是假设理性行为，并尽可能重建相关行为者面临的情境。但在
110 许多情境下，关于历史人物的心理特征的证据可供公众审查。这是一种相当奇怪的历史说明方法，它否定了历史学家建立心理学概要来说明某些人的行动或信仰的能力，如尼禄、希特勒、李· 哈维·奥斯瓦尔德（Lee Harvey Oswald）或奥萨马·本·拉登。至少在某些情况下，我可以补充说，说明波普尔本人的行动可能需要考虑他的心理倾向。波普尔在其思想自传《无尽的探索》中，也将他的生活重建为一系列解决问题的尝试。当然，这并不能说明他一生中我们可能感兴趣的许多事件的始末。例如，在没有指出两位哲学家都不愿意受到批判并且相当自我的情况下，对他在剑桥道德科学俱乐部与维特根斯坦冲突（所谓的“扑克事件”）的说明将是不完整的。[6]

但是，我们仍然必须应对波普尔支持严格坚持合理性原则的第三个论点，即没有这个原则，我们的模型建构就会变得完全任意。鉴于我们对行动的心理学解释的探讨，这一论点很容易争辩。波普尔肯定是正确的，我们应该从合理性的假设*开始*；没有这种假设，真的很难想象我们如何开始说明需要说明的社会现象。但是，如果合理性原则失去说明人类行动的能力，我们就应该毫不犹豫地转向对行为的心理解释。此外，如果我们进一步将非理性归类为特定心理机制的实例，那么宣称某一行

动是非理性的就不需要是一种任意的说明。

二、非理性信念

非理性行动不是社会研究唯一感兴趣的人类非理性。信念也可能是非理性的，或者更确切地说，它们可以以非理性的方式形成。如上所述，就信念形成是无意向性的而言，它超出了情境分析的范围。但是人们往往通过有意向性的过程形成自己的信念，并且当他们这样做时，他们的行为就属于情境分析的范围。科学研究是意向性信念形成的范例。科学家提出并检验理论，然后采纳和反对将他们研究的结果作为关于世界的观念。正如波普尔借用他对伽利略反对“月亮影响潮汐”理论的说明来阐述的，科学理论的历史可以通过情境分析得到有效的探索。伽利略拒绝认可这个理论被一些历史学家嘲笑为一种非理性的承诺，但是波普尔表明，伽利略的信念虽然是错误的，但考虑到他的情境，包括他坚持的各种理论，他的行为并不是非理性的。如上所述，波普尔在《模型、工具和真理》中直接对非理性信念的形成进行了说明，在这篇文章中，他思考了“疯子”的例子和他对世界的“疯狂的错误”观点。波普尔再次 111
指出，从行为者的角度来看，非理性信念并不是真的非理性。同时他认为，情境分析可以用来说明疯子如何形成他关于世界的疯狂的错误的信念：

> 通过这种方法，我们可以尝试说明他是如何形成其疯狂的错误观点的：特定的经验如何粉碎了他原本正常的世界观，并导致他接受了另一种——依据他可以处置的信息他能够发展的最为理性的观点；他为何不得不使这种新观点变得不可纠正，因为，在那些驳斥这种观点的实例的压力下它会立刻土崩瓦解，那会使他（就他能看到的范围而言）一筹莫展，而对他的世界做不出任何解释——从

> 理性的角度来看，这是他不惜一切代价要回避的一种情境，因为它会使得所有的理性行动成为不可能。（*MF*：179；波普尔的斜体）

这是一种关于信念形成的合理观点，但它对理性原则的应用却是有问题的。事实上，波普尔似乎已经悄悄地在此说明中加入了心理成分。疯子发展其错误信念的过程是潜意识的，因为一个人不可能有意地接受他自己明知道不是真的信念。"人们不能决定相信，至多可以决定忘记。"埃尔斯特说（Elster，1989b：37）。这种信念并不是真正的信念。如果一个人由于有限的信息而产生了错误的信念，我们就有理由说，持有这一信念是理性的，尽管它是错误的。但是，如果一个人接受了一种他见到的证据都不支持的信念，我们就不能称持有这种信念是理性的。在这种情况下，我们必须转向对信念形成的心理说明。

现在，人们经常会相信某些事情是真的，只是因为他们希望它们是真的，不管证据是什么样的。我们称这种信念为愿望思维。埃尔斯特将愿望思维看作非理性信念形成的典型例子。他说，当信念"为它们应该提供的激情所颠覆时，愿望思维就发生了"（Elster，1989b：37）。他补充说，"愿望思维是一种普遍现象，它在人类事务中的重要性不能被过分夸大"（Elster，1989b：37）。波普尔自己用愿望思维的概念来说明非理性信念的形成，是有启发性的。正如我们在第五章看到的，波普尔引用愿望思维来说明，马克思为什么没能看到欧洲共产主义革命仅仅是工业革命引发的经济和政治冲突的一个可能结果：

> 浪漫的、非理性的甚至神秘的愿望思维导致马克思假设，工人阶级集体团结在阶级情境改变后仍将持续。因此这是一种愿望思
> 112 维，是一种神秘的集体主义，是对文明的非理性的反应，这导致了
> 马克思预言社会主义的必然来临。（*OSE Ⅱ*：333；也见于 *OSE Ⅱ*：139，197）

波普尔的说明并不依赖合理性原则，而是援引了对马克思信念的心理解释，他这样做是因为他通过使用合理性原则来说明马克思信念的尝试失败了。波普尔赞扬马克思对资本主义经济内部运作的说明，波普尔认为，这依赖于对个体在某些情境下理性行动的解释。但马克思对无阶级社会的出现的预测不能被理解为建立在对此情境的理性评估上，因此波普尔不得不寻求另一种说明。因此，他提出了这样的观点，即马克思屈从于愿望思维。他感叹道："愿望思维显然是一件无法避免的事。但它不应该被误认为是科学思维。"（*OSE Ⅱ*：139）在这种语境下，我们应该理解波普尔在写"科学思维"时所说的"理性思维"。

因此，波普尔本人承认，愿望思维似乎是心理解释的一个例子，当理性解释失败时，我们可以使用这种心理解释。其他一些非理性信念的形成是怎样的？在过去的几十年里，阿莫斯·特沃斯基和丹尼尔·卡尼曼等心理学家已经精确地记录了一些常见的认知扭曲——人们在形成信念时很容易产生这些认知扭曲。这些通常被大致分为两种类型，即"热"（hot）和"冷"（cold）的信念扭曲。当我们的感情或欲望影响我们的信念时，热的信念扭曲就会出现。愿望思维或许是"热"的信念最重要的例子。另一个重要的例子就是酸葡萄效应，即当我们关于一件事情的愿望的信念因为我们不能实现它而发生了潜意识的改变时，这种效应就会发生。这一概念的名字来自一则伊索寓言：狐狸认为一些葡萄是酸的，因为葡萄太高，它够不着。[8] 用埃尔斯特的话说，在"没有任何接近的激情"的情况下，"冷"的信念扭曲就会发生（Elster，1989b：38）。许多这样的错误源于一种根深蒂固的人类倾向，即倾向于对日常生活中的概率做出错误的推论。这种现象有一个众所周知的例子——赌徒谬误，这是一种基于直觉的错误推理。这发生在一个人错误地认为一个事件的概率是受另一个独立事件影响的时候。例如，当一个人认为，在掷

113 出一连串的背面之后，掷硬币掷出“人头面”的概率就增加了。推理错误的其他例子包括常见的过多看重个人经验或轶事证据的错误。合理性原则指导的说明一旦无法做出说明，我们就没有理由阻止将这种心理机制纳入情境模型来说明信念的形成。

第三节　埃尔斯特的革命模型

情境分析中一个有吸引力的特点是它能够产生超越独特个案的社会情境模型，即使这些模型并没有实现普遍理论的说明力。这些模型能够阐明各种社会现象，尽管它们没有产生真正的预测力。我们已经讨论了一些情境模型的例子，这些模型处于简单描述和一般理论之间。这些包括波普尔对欧洲共产党“内部矛盾”的分析、马克思对商业循环的分析、柏拉图对独裁权力的说明，以及米歇尔的“寡头统治铁律”。但依靠合理性原则也包含心理现象的情境模型是什么样的？这种模型的一个很好的例子是埃尔斯特关于政治革命的说明（Elster，1993：15–24）。[9]

埃尔斯特将他的说明描述为依赖于“应用政治心理学”的“革命动力”，他说他的说明受启发于对实际革命的反思（尤其是法国大革命和20世纪80年代末和90年代初发生在东欧的革命）（Elster，1993：15）。他告诉我们，在发展说明的时候，他首先是描述“潜在的革命者所处的*情境*和他们的动机”（Elster，1993：16；我的斜体）。在脚注中，他进一步扩展了他的方法论：

> 为了说明一个给定的现象，我们最初假定行为者有理性的、自利的动机。如果他们的行为不能在这个最小的基础上得到说明，则引入利他主义的（尽管仍然是理性的）动机。如果说明仍是不充分的，我们就要承认非理性的动机。最后，重要的是指出我们所考虑

的非理性的具体类型。把非理性作为剩余的范畴，只是指出了问题，而没有解决问题。（Elster，1993：19，n. 41）

这一指示明显与我在上一节中提出的对情境分析的修订非常相似：从合理性假设开始，并对有关行为者所遇到的情境做初步描述。坚持合理性假设，直到依赖它的潜在说明无力进行说明为止。只有在达到这一点之后，寻求心理机制才能说明表面上非理性的行为。然而，埃尔斯特在上面的引文中做出两个分析上的区分，波普尔并没有做到这一点。首先，埃尔斯特区分了理性行为和不合理的（nonrational）行为，波普尔的情境分析中并没有这种区分。对埃尔斯特来说，只有工具性行为才是 114
理性的行为，而波普尔的合理性原则认为，非工具性的规范引导的行为也处于合理性的范围中。相反，埃尔斯特将规范驱动的行为视为“不合理的”，以区别于理性的或非理性的行为。然而，这种区别似乎是名义上的。他和波普尔都认同，规范为不能还原为工具计算的行动提供了一种动机，并且规范引导的行为不应该被认为是一种非理性行为。对这两个思想家来说，真正的非理性发生在一个人的行动违背了其信念和目标的时候。其次，与波普尔不同的是，埃尔斯特区分了自利的工具性行为和利他的工具性行为。然而，在此，他只是声称，从自利的工具性行为开始分析是*有所帮助*的。毫无疑问，自利行为比利他行为更理性。

在埃尔斯特看来，革命者面对着什么样的情境？它最初可以被描述为典型的搭便车困境。一场成功的革命会保护公共利益，也就是说，政权变革所产生的好处将归于大多数公民，不论这些人是否为旧政权的推翻做出了贡献。因此，乍看起来，参加革命风潮似乎并不是理性的，正如从第四章讨论的“厚”理性选择理论的观点来看，在民主选举中投票并不是理性的。但是革命确实时常发生，所以我们显然需要做出进一步说明。埃尔斯特说，“如果一切都失败了，我们可以基于非合理性和那些参加革命的愚蠢行为，来说明［那些令人费解的行为］。但在这样做之前，我们需要找出是否有其他的说明仍然属于理性行为的界限，它们可以表明这些行为是如何发展的”（Elster，1993：16）。

到目前为止，埃尔斯特赞成波普尔主张的方式：我们应该坚持合理性，研究情境以说明表面上非理性的行为。埃尔斯特认为，有可能政权太过压迫，他们的处境太糟糕，在这种情况下投身革命是理性的。但他立即驳斥了这种对情境的描述，认为这种描述并不合理。与大多数革命者所处的条件相比，监禁、酷刑和死亡无疑是更糟糕的命运。此外，即使对那些面临死亡的人来说，比如，由于压迫政权的政策导致的饥饿，革命参与所带来的这种死亡也可能更严重。他指出，例如，许多反抗帝国主义的中国人尽管知道，如果被抓住，他们会被凌迟处死，埃尔斯特说，“相比之下，任何存活方式甚或其他形式的死亡可能更好”（Elster，1993：17）。有一个更合理的坚持理性假设的说明，即革命参与者被给
115 予了选择性激励。例如，参与者可能被许诺在新政权中享有特权地位，而拒绝参加的人则可能会受到惩罚。然而，埃尔斯特说，这种说明最终也不令人满意，因为它无法说明革命领导者的行为。他们几乎没有什么激励去促使他们冒这种风险或在革命之后获得什么特别奖励，因此他们提出的奖励和奖惩的可信性就被破坏了。此外，埃尔斯特指出，虽然革命仍在进行，但领导人处理的资源通常是相当贫乏的。

最后，他思考了这样一种可能性，参与本身可能在某种程度上就是选择性激励。正如埃尔斯特所说的，“有些人可能将革命看作一个节日、一个偶发事件或一场盛宴，其工具性效率是次要的，甚至是不相关的”（Elster，1993：18）。对这样的人来说，参与就是理性的，搭便车问题就会消失，因为革命本身就是目的而不是达到其他目的的手段。然而，埃尔斯特声称，这样的人最多就是少数革命者。他写道，“他们顶多对于扩充运动队伍是有用的，作为一个整体，他们受到了不同的、更严肃的动机的激励”（Elster，1993：18）。

在这一点上，埃尔斯特放弃了试图通过仅仅使用“理性的、自利的动机”来说明革命，转而考虑工具性的、利他的动机（Elster，1993：19）。一个受到激励的人会考虑到革命成功后对她及其他人产生的好处。但是，埃尔斯特说，即使这样一种利他的功利主义者在革命的早期阶段可能也不会参与，革命的早期阶段，成功存在很大的疑问，参加的风险和成本太大。在革命的最后阶段加入其中，这样的人也不会获得更大的优势，“那个时候，成功已经看起来是必然的，但个人风险仍然不可忽略”（Elster，1993：19）。他认为，利他的功利主义者最有可能在中间阶段加入革命。

考虑了多种基于工具性行为的说明，他接下来会思考不合理行为。他认为，许多参与者将受到一种公平规范的激励（Elster，1993：20）。“当且仅当足够数量的其他人参与革命的时候”，受这种规范激励的人也会加入进来（Elster，1993：20）。因此，公平规范是有条件的。它依赖于这样一种观念，即本着公平分享的精神，只有在其他人这样做的时候，个体才应该参加革命。这种动机所激励的行动既不是工具性的，也不是以未来为导向的，但我们很难把它们描述为非理性的。

考察了革命的一些潜在的理性和不合理的动机，埃尔斯特最终思考了可以激励革命者的那些非理性行为。埃尔斯特说，一种常见的非理性 116
是“日常康德主义”（Elster，1989a：192）。与利他的功利主义者不同，一个受日常康德主义所激励的人将在没有计算其行为产生的可能后果的情况下，就加入革命。“当且仅当对于每个人来说，普遍合作比普遍背叛更好的时候，他们将参加革命。”（Elster，1989a：192）[10]然而，虽然它似乎是一种规范驱动的行为，但日常康德主义实际上是非理性行为，埃尔斯特说，因为它束缚在一种他称为“日常加尔文主义”的“神奇思维”中（Elster，1993：20；也见于 Elster，1989a：196–202）。埃尔斯特将日常加尔文主义定义为一种“认知谬误”，它涉及“混淆行动的判断价值和因果价值”（Elster，1989a：11）。更明确地说，它是这样一个信念：“人们通过作用于症状可以改变原因。”（Elster，1989a：196）为了要解释此术语的起源，埃尔斯特指出，“如果像加尔文主义这样的前决定主义（prederminist）学说导致了企业家精神的产生，那么只有通过下述神奇的观点，即救赎的符号的控制能加强‘某人是上帝的选民’的信念，才可以做到这一点”（Elster，1989a：196）。乔治·奎特隆（George Quattrone）和阿莫斯·特沃斯基产生了日常加尔文主义的经验证据（Quattrone and Tversky，1986）。在一项研究中，他们测量了受试者在剧烈运动后对冷水的耐受性。然后他们告诉受试者，锻炼后对冷水的高耐受性表明他们有一颗强壮的心脏，并且预测他们会有较长的寿命。同一个参与者在进行第二次实验时，就会环抱着他们的手臂，在冰桶里待更长的时间。

埃尔斯特认为，类似的思维可以解释革命早期阶段中一些革命者的行为。埃尔斯特声称，这样的人主要不是受工具性思维的刺激，因为在早期阶段，参与革命的风险非常大，成功的机会非常渺茫。公平规范无法对这种行为做出解释，因为只有在一定比例的人参加运动之后，它才会被触发。但日常加尔文主义可以解释革命核心的形成。埃尔斯特说，“在人际交往的集体行动中，神奇思维相当于相信，或假装相信，我的合作能引起他人的合作”（Elster，1989a：201）。奎特隆和特沃斯基的另一个实验证实了神奇思维在这种情境中的可能性（Quattrone and Tversky，1986）。他们发现，那些被告知选举结果将由投票人决定的受试者更有可能去投票，他们倾向于将自己的选票视为其他志趣相投的选民也参与投票的可能性的一种表现。“也就是说，一个人可能把他的一票看作*数百万*选票的表现，从而表明他们偏爱的那个候选人将获胜。”（Quattrone and Tversky，1986：50）奎特隆和特沃斯基总结到，这一实验表明，“人们做出的决定可能不仅是其自身属性的表现，而且表现了他们志同道合的同胞可能做出的结论”（Quattrone and Tversky，1986：56）。这一有缺陷的思想可能有助于说明，当投票的代价很高，并且单独一票影响选举的机会几乎渺茫的时候，为什么人们愿意不辞辛劳地去投票。

埃尔斯特认为，核心的革命者也可能屈服于这种谬论，相信参与到 117
运动中才能引起其他人的加入。我可能会注意到，神奇思维是与愿望思维密切相关的现象。令人惊讶的是，他没有提到愿望思维是一种潜在的非理性的信念形成，它可能会刺激某些革命者。然而，他很有可能愿意把这种特定的非理性归因于较少的革命者。

埃尔斯特试图汇编所有可能合理地形成革命活动的理性的、不合理的和非理性的动机，他指出，这些在现在可以用来说明特定的革命。因此，他提出了一个假设的革命，它是“一小部分核心革命者受到对美好社会的憧憬的激励而引发的”（Elster，1993：22）。他们的行为不能被解释为工具性推理的产物，因为他们成功的可能性并没有大到可以辩护他们承受的真实的、严重的风险。“他们是疯狂的、非理性的康德主义的者还是有原则的人，都无所谓。基本事实是他们对非工具性价值的坚持。”（Elster，1993：22）然而，完整的说明需要研究人员尽力确定出刺激特定的早期革命者群体的不合理的或非理性的动机*种类*。这些可能包括日常加尔文主义和愿望思维。埃尔斯特说，革命的“第二阶段”以“各种动机刺激的个体的汇集”为标志（Elster，1993：22）。受想要分担责任的愿望所驱使，一些被公平感打动的人现在可能开始加入革命。其他人可能会受到革命者提供的选择性激励的刺激，如承诺在新政权中享有有声望的地位。另一个受到利他的功利主义动机所激发的团体也可能加入，他们得出的结论是，革命有合理的成功机会，他们的行动可以使这种成功更有可能。还有一些人可能是为了革命活动的纯粹乐趣和从日常生活的程式中解脱出来而加入。

革命第二阶段一开始，埃尔斯特假设，政权注意到并开始实施旨在阻止运动的措施。为了阻止革命，它做出了一些让步，但同时又对许多革命者进行了残忍的镇压。这能够合法化对政府的反对，并且让那些对政权不满的人知道，很多人都有他们那种敌意态度。同时，加入革命运动的风险也在增加。埃尔斯特说，“运动的净效应取决于政权软硬兼施的巧妙结合和各种类型的刺激在人口中的分配”（Elster，1993：23）。

他接下来假设，革命风潮（与政权阻止它的尝试）的相互作用的最
118 终结果是鼓励更多的人加入革命。在这一点上，各种滚雪球效应就产生了，越来越多的人受到公平规范的激励。随着成功概率的越来越大，受到镇压的危险退去，其他一些受工具效力所激励的人也加入其中。同时，其他一些受工具性动机所激励的成员的退出减缓了革命的势头，这些成员认为，他们的服务是不可能对革命产生影响的，因为革命已经得到了广泛接受。在这个阶段离去的还有很多将参加革命视作从日常生活的程式中解脱出来的人。革命已经失去了对他们的吸引力，随着其规模的壮大，它变得越来越官僚化。他总结道，“因为这些变化动力，革命永远无法获得稳定的会员，因为不同类型的个体间不停地在相互吸引和排斥”（Elster，1993：23）。

我们可以看到，埃尔斯特对革命的解释涉及解开产生现象的人类互动的复杂网络。事实上，我们可能会将他的解释描述为解开了革命的逻辑。他的说明依赖于根据他们理性行动的假设，对相关行为者所遇到的情境的描述。当合理性假设不充分时——在革命的开始阶段——心理机制就要被用来说明所观察到的非理性行为。因此，他创造了一种社会情境模型，它超越了个殊性（idiographic），但却还没达到一般理论。换句话说，它似乎是一个中层理论。我相信，这一解释与埃尔斯特本人对其说明的理解是一致的：

> 在任何特定的历史情况下，人们最多可以提供关于个体动机的事后界定和它们相互作用以产生最终结果的方法。创造一个关于革命的一般理论——即使我们能够预言或在这个问题上操纵大众行为的理论——的想法是荒谬的。然而，正如我一直在努力强调的，在这个意义上拒绝理论并不意味着我们注定是纯粹的描述（或者至多是克利福德·格尔茨所谓的“深描”）。我相信，政治心理学可以帮助我们界定我们在任何革命情境下都能看到在发挥作用的机制，从而提供一种中间程度的普遍性。我没有要求提供详尽的清单，但我也不认为汇编表可以无限期地延长。（Elster，1993：24）

另外我补充一点，我们有理由相信，埃尔斯特的方法可以有效地应用于社会科学家感兴趣的许多其他现象。事实上，他本人已经将其方法论用来产生中层模型，例如，宪法制定和工资谈判（Elster，1993：24-34；Elster，1989a：50-96）。他还使用这种方法来重新描述在托克维尔 119
（Tocqueville）、保罗·韦纳（Paul Veyne）、季诺维也夫（A. Zinoviev）、马克思等人的作品中大量对社会现象的说明（Elster，1993：1985）。

总　结

在最后一章中，我已经表明，波普尔的情境分析可以通过将心理学特别是心理机制纳入其说明模型中而受益匪浅。尽管波普尔呼吁将心理学从情境分析中驱逐出去，但我认为把心理学纳入情境模型中并不违反该方法的核心目标——产生依赖于在结构化情境下个人的行为的社会现象的中程模型。心理学在情境模型中的使用不需要将它们与客观批评隔离，也不需要以人类行为的心理说明来替代由合理性原则所驱动的说明。心理机制可以补充以理性行为为基础的说明，就像在埃尔斯特对政治革命的说明中那样。我愿意认为波普尔会赞成埃尔斯特的说明方法。事实上，正如我们在波普尔对马克思关于共产主义革命的预言的描述中所看到的，波普尔自己求助于愿望思维的心理机制来说明马克思理论的某些方面。也许，向波普尔指出他在自己的方法论实践中使用了心理学将足以使他确信心理学对于情境分析的价值。

结 论 121

我希望读者相信，波普尔对社会科学的看法不仅提供了对社会研究之性质的洞察，而且也为社会科学的实践提供了必要的方向。一段时间以来，社会科学家陷入对他们学科的自我怀疑当中。事实上，把社会研究模型建构在对自然科学的特殊（通常是有严重缺陷的）理解上，这一尝试的失败已经威胁到社会科学作为一门学科的存在。第二次世界大战后的行为主义运动之热情早已衰落，这种方法并没有产生多少成果。寻找一般规律或普遍的社会生活理论已经流于空谈，预测人类行为和社会事件的能力即便存在，也只是微不足道的。不幸的是，总的来说，这种方法的失败并没有导致对社会科学方法的反思，而只是强调方法的技术改进。如果它们在实际的社会科学说明中有明显的好处，这种改进将受到欢迎，但事实并非如此。社会科学不是促进对社会世界的更好理解，而是与现实越来越无关，因此与社会不相关。新近的理性选择运动并没有改善这种境况，至少在经济学领域之外是这样。虽然理性选择理论往往是精致的，但它们通常只承载与真实社会世界偶然的相似性。更糟的是，理性选择实践者倾向于把他们的努力指向（表面上似乎与他们的方法相适应的）现象，而不是指导他们研究对社会很重要的问题。这也导致社会研究越来越与社会生活的紧迫问题无关。

这种欠佳的状态导致许多社会科学家拒斥基于自然科学为社会科

学建模的任何尝试，并建议放弃对一般性说明的探究。按照一些人的看法，社会科学可能提供的一切，都是对社会现象的“厚”描述或社会事件的独特叙述。解释学或解释学方法尽管在社会研究中显然有其地位，
122 但声称没有因果说明或一般性社会科学理论的容身之地，在我看来，太悲观了。社会科学中一般规律、普遍理论和精确预测能力的缺乏，并不意味着社会科学中的一般性说明是不可能的。事实上，正如我想向读者展示的那样，建构出能提供某些一般解释力的社会模型是社会科学力所能及的。波普尔的情境模型提供了一种将解释与说明相结合的方法。情境分析的范围需要对体现人类行为的制度、信念、规范、传统和习惯作深入说明，它反映了解释学方法。事实上，波普尔的方法可以用来说明特定的社会事件。但是，通过揭示行为者错综复杂的相互作用如何产生某些典型的现象，特别是无意识的后果，它也可以用来增进我们对典型社会现象和制度——如革命、贸易周期和选举，官僚、政党和大学——的理解。

我们永远不能非常自信和精确地预测一场革命什么时候会发生，或者哪一政党将赢得选举，或者什么时候经济衰退会到来。但我们仍然可以谈论此类事件的一般特征。通过展示这些事件是个体对其情境作出合理回应，或者至少是以不合理但却可理解的方式作出回应的结果，我们就能以后见之明来理解此类事件。虽然这并非许多社会科学家所追求的目标，但它确实提供了一种真实的和智识上令人满意的说明，可以增进我们对社会世界的理解。

注　释

导论

1. 在普林斯顿大学攻读社会学专业的中国博士生小孙在我们的私人谈话中告诉我，波普尔被中国学生普遍接受。像前人一样，中国学生可能误解了波普尔对马克思主义的批判。在第五章中，我将指出，波普尔并不一定认为马克思主义是不科学的。

2. 简略的哈佛大学版的《合理性原则的合理性和地位》（La rationalité et le statut du principe de rationalité）经 Emil M. Classen 编辑，以《系统经济学的基础哲学》（*Les Fondements Philosophique des Systémes Économiques*）为名，出版了其法国卷。这篇文章的英文卷后来由 David Miller 编辑，于 1985 年出版在《波普尔思想精粹》（*Popper Selections*）中。直到 1994 年经 M. A. Notturno 编辑其全版才得以在《框架的神话》（*The Myth of Framework*）中出版。

第一章

1. 事实上，波普尔声称，他可以将其理论"可证伪性科学划分了科学与非科学"追溯到他同时遇到了马克思主义和爱因斯坦年轻时提出的万有引力理论（*UQ*：113）。然而，哈科恩（Hacohen，2000）质疑波普尔的说法，他认为，波普尔的证伪思想和科学与非科学之间的划界是在20世纪20年代和30年代早期逐渐发展起来的。我们将分别在第三章和第五章探讨波普尔的证伪主义和他对马克思的复杂态度。

2. 在第四章中，我将论证，规律在波普尔的社会科学中不发挥任何真正的作用。

3. 我说“几乎”是因为，波普尔认为进化论可以被描述为情境逻辑的一个实例（*UQ*：167-169），尽管波普尔做出这一主张的原因我不清楚。波普尔承认地球上物种的进化是事实，但仍然坚持认为，进化论最好被描述为一种形而上学的研究纲领，而非科学理论。这是因为，他把进化论看作可证伪的、几乎是同义反复的。根据波普尔的说法，进化论讲的是，如果你有一些实体，能够在一定程度的变异性的条件下产生自我的复制品，并且这些实体中的一些在给定的环境中能够更好地生存（从而产生更多的自己的复制品），那么，随着时间的推移，更好地适应环境的实体将出现。但变量复制和选择性压力的前提暗示了，更好地适
124 应环境的实体将出现这一预测。因此，它是同义反复，因而它必然而非偶然为真。换言之，波普尔说，进化是由情境逻辑来保证的。这一描述与波普尔的情境分析（在第一章中讨论的）有些许相似之处，在情境分析中，由“合理性原则”所驱动的行动者会把特定情境下所暗含的东西付诸行动。因为“什么是合理的”寓于情境之中，所以关于行动者行为的预测是同义反复。据我所知，这是波普尔所描述的社会科学之外的情境分析的唯一实例。至于波普尔关于进化论的说明的说服力，我只能说，尽管达尔文学说可能无法产生关于生物的未来发展的非同义反复的预测，但在我看来，它已经成功地对进化史中的往事进行了令人惊讶且新颖的追溯。其中最主要的是*预测*了，相关物种间已经灭绝的中间物种的存在。如果没有发现这样的中间物种，进化论就会被证伪——或者至少需要一个辅助假说来拯救这个理论。当然，这并不影响波普尔的论点：

事物在适当的情况下会进化的一般命题几乎是一个空洞的主张。但我认为它的确表明，进化论产生了大胆的、证伪的（和被强烈证实了的）对事物的追溯，因而，它算得上是一个科学的理论。

4. 第四章将探讨社会领域中为什么缺失似规律的规则性。

5. 然而，波普尔更经常地提出，将人类行动的非预期结果作为社会科学的主要目标（*MF*：74，128；*OSE Ⅱ*：95）。我认为，波普尔对社会调查目标的理解可以被理解为，社会科学的主要目标是揭示和说明人类行动的非预期影响。这需要建立一个受合理性原则驱动的情境模型。

6. 波普尔将相反的错误观点，即人类心灵（通过感官）仅仅是关于世界的数据的被动接受者，称为“心灵的木桶理论”（*OK*：341）。

7. 法尔（Farr，1983a）长久以来对情境分析的持续分析为解释学做出了贡献。

8. 我将在第三章考察，相比典型的理性行为，使用合理性原则来说明独特的创造性行为有什么局限。

9. 唯恐我给出错误的印象，卢克斯的文章的目的是证明方法论个体主义，即使它最微不足道的构想是错误的。波普尔不是文章的中心目标，文章中只是将其作为方法论个体主义的代表支持者。

10. 波普尔将马克思称为方法论集体主义者的原因尚不完全清楚，这似乎与他关于马克思的方法论的很多观点相矛盾。然而，把方法论集体主义归于马克思并不少见。马克思经常被指控，将某些整体的实体——如阶级、人、历史或资本——视为有自己的意志［例如，埃尔斯特指控马克思将“人性”和“资本”视为超个体的实体（Elster，1986：7，116）］。特别是，马克思经常被指责援引功能主义说明，在这种说明中，某些社会现象据说是发生的，因为它们符合资本或统治阶级或历史的利益。

然而，有趣的是，波普尔并没有指控马克思将社会阶级、历史或资 125

本具体化到超个体实体中［事实上，波普尔赞扬马克思将阶级冲突解释为，来源于一定社会语境中的个体行动（*OSE* Ⅱ：111-112）］。最重要的是，波普尔只是将马克思称为方法论集体主义者，并没有解释他这样做的原因。然而，在一个实例——《开放社会及其敌人》中的一个脚注中提到的——中普尔似乎将“经济关系系统”用作整体的实体，而马克思错误地将超个体力量归于这种实体。波普尔注意到，他和马克思都认同，社会理论的目标应该是发现“几乎我们所有行动的非预期社会反响”，之后他又接着指出了自己和马克思之间一个关键的区别：

> 马克思是*方法论集体主义者*。他认为，“经济关系系统”本身产生了非预期的后果——制度系统，而制度系统可以依据“生产资料”得到说明，但它无法依据个体、个体的关系和他们的行动得到分析。与此相反，我认为，制度（和传统）必须以个体主义来分析，也就是说，依据特定社会情境下个体行动的关系和其行动的非预期后果来分析。（*OSE* Ⅱ：323，n. 11；波普尔的斜体）

波普尔在此似乎是在声称，对马克思来说，“经济关系”在没有个体行为者为中介的情况下，以某种方式直接产生了非预期的社会影响，如经济大萧条、失业、利润率的下降。他似乎也在声称，对马克思来说，“生产资料”在某种程度上影响了经济关系，而且没有个别行为者的调解。也许波普尔是在指控马克思采用了一种整体的/功能主义的说明方案，在这种方案中，经济关系在特定社会中出现并蓬勃发展是*因为*它对特定生产资料是最佳的选择。例如，封建主义是作为一套经济关系而出现的，*因为*它对手推磨来说，是最佳的经济关系；又或者，资本主义的出现是*因为*它对蒸汽磨来说是最优的经济关系。如果这是对波普尔批判马克思的合理解释，那它就不是一个极为特别的批判：马克思经常被指控采用了整体主义/功能主义解释。然而，确定这是否是对马克思的方法论的合理描述，超出了本章的范围。我的目标是确定波普尔在攻击方法论集体主义时攻击的是什么。然而，我要补充的是，这种对马克思的方法的解释似乎完全不符合波普尔在其他地方所说的关于马克思的观点。事实上，正如我们在第五章看到的，波普尔似乎认为，马克思使用了情境分析来说明非预期的社会影响。

11. 我们将在第二章和第三章深入探讨波普尔关于社会制度的实在和个体与它们相互作用的方式的论点，届时，我们也会对波普尔本体论上的三个世界理论进行考察。

第二章

1. 因此，波普尔对这样的批判者做出了回应："当然，我并不否认把'实证主义'这个词扩展以涵盖任何对自然科学有兴趣的人，这样它甚至可以适用于实证主义的反对者，如我自己。我只是认为，这样的过程既不可靠也不容易澄清很多事情。"（*MF*：75）。

2. 尽管伦理学并不主要关注于维也纳学派（Ayer，1959：22），但 126
我们可能还需要为实证主义信条增添一个原则：*情绪主义*——伦理陈述并非事实主张，因此无法通过观察得到证实或证伪。根据这一理论，道德主张最好被理解为赞同或反对的主观表示。这种情感评价的原因（无论是生物、心理还是社会的）可能会归于科学的标题之下，但这种表示本身则不能。在这一章中，我不讨论波普尔的伦理观。

3. 《科学发现的逻辑》出版于 1935 年，并于 1959 年出版了第一部英文版。

4. 下面我将思考波普尔支持实在论和世界 3 的存在的论点，并在第三章考察他对人类自由意志和非决定论的辩护。

5. 我特意避免将*因果*效力作为波普尔的实在性标准。我的回避只反映了波普尔标准中的模糊性。下面我们将看到，波普尔把世界 3 实体看作实在的，因为它们影响了世界 1 和世界 2，但是，由于我们将在第四章探讨这其中的原因，所以这种影响对波普尔来说似乎不是因果关系的。

6. 需要补充的一点是，对波普尔来说，个体可以被理解为世界 1、世界 2 和世界 3 实体的融合。他们的身体是世界 1 客体，他们的主观经验是世界 2 实体，他们思想的部分内容包括它们与世界 3 实体的关系。事实上，波普尔认为，儿童只有在发展了语言技能时才能达到全意识。使用语言（世界 3 实体）的能力，尤其是使用人称代词的能力，对充分的自我意识是必要的（*SIB*：49）。

7. 波普尔公开拥护科学批评的规范，并且不加约束地公开批判他人。然而，众所周知，波普尔不能忍受其他人对他工作的批评。他似乎认为，对他作品的任何批评都是针对他的个人攻击。在哈科恩（Hacohen，2000）和阿加西（Agassi，1993）的作品中我们可以清楚地看到这一点。

8. 现实世界的经验使得波普尔的下述主张更可信，即致力于公开批判的规范和制度是确保科学进步的必要条件。例如，尽管科学研究经费充足，科学教育体系严谨，但与西方国家尤其是美国相比，日本的科学诺贝尔奖获得者相对较少。这归因于日本人讨厌扩展到科学界的公开批判。日本科学家报告说，他们觉得在会议和期刊上批评其他科学家很不舒服，许多人更喜欢在欧美地区工作，在这些地区，这种批评更容易受到接受。近年来，日本创造了以 2000 年诺贝尔化学奖得主白川英树（Hideki Shirakawa）为首的国家委员会，以振兴日本科技。据《纽约时报》（*New York Times*）报道，“对此不抱幻想的科学家认为在努力提高日本的表现的过程中，最主要的障碍是，研究界从来没有试图完全接受同行审查和批判，而正是这些审查和批判的火花点亮了欧美地区创造性的火焰”（*New York Times*，2001-08-07；也参见 Rauch，1993：126-127）。

9. 杰里米·希尔曼（Jeremy Shearmur）在最近的工作中指出，波普尔的社会科学可以合理地被描述为实在论的(Shearmur, 1996: 127-131)。然而，希尔曼认为波普尔的实在论与其方法论个体主义并不一致，他认 127 为，波普尔的方法论个体主义需要将社会事实还原为关于个体的事实。因此，他建议修改波普尔的方法论个体主义，以允许社会结构的因果效力。但这种修改是不需要的。正如我们在第一章看到的，波普尔的方法论个体主义决不会妨碍社会结构或制度的实在性或有效性。它只是否认，像民族、国家或阶级这样的整体实体可以有意图、需要或欲望。此外，正如我们在本章中所看到的，波普尔把社会制度视为世界 3 的有效而实在的实体。巴斯卡对波普尔的方法论个体主义有类似的误解（Bhaskar，1998：208），而关于波普尔的反本质主义和实在论，艾萨克则表示出困惑（Isaac，1992：43-44）。

第三章

1. 事实上，波普尔认为，亨普尔从他这里窃取了说明的覆盖律模型（Hacohen，2000：488，n. 147）。

2. 这一段落削弱了哈贝马斯和阿多诺等批判理论家的下述主张，波普尔对社会研究的理解倾向于具体化社会安排。正如波普尔所描述的指控，“阿多诺和哈贝马斯相信……因为如果强迫我辩护*现状*的话，我的认识论是（他们认为）实证主义的。换句话说，我的（假定的）认识论实证主义迫使我接受道德和法律的实证主义”——波普尔将此定义为这样一个学说：道德和法律价值观无非是“流行的习俗和现行的法律”（*ISBW*：88，91）。但波普尔也意识到了社会制度的偶然性本质及与之相关的规律性。他与批判理论家的不同在于，如何将社会世界变得更好。波普尔正确提取了他们的重大分歧，即“革命与渐进的改革”（*MF*：68，76）。也就是说，批判理论家认为，只有彻底的变革才能产生真正的变化，而波普尔由于担心体制改革而产生的不可避免的意外后果，支持不太激烈的改革。然而，批判理论家对波普尔的误解是可以理解的。事实上，波普尔确实声称，社会世界的规律是存在的，而且可以被发现。我在这一章中说过，在他后来的著作中，他放弃了将规律界定为社会说明的必要组成部分。

3. 这一结论类似于哈科恩的结论，他声称，波普尔最初试图发展一种“因果的非历史的社会科学”，这种社会科学发现了普遍的似规律的规则性，但最终接受了一种“非因果的科学”，这种科学依赖于实际上是历史的社会模型，即根据哈科恩的说法，波普尔接受了社会情境模型，它与“持续时间相对较短的周期和语境”相关（Hacohen，2000：492）。

4. 波普尔有时将更加广泛的科学方法描述为“批判性讨论”（*MF*：93，158）。

5. 尽管恩斯特·格尔纳（Ernest Gellner）十分崇拜波普尔，但他仍旧坚决认为，波普尔在其后期作品中过度放松了他对合法科学的标准（Gellner，1985：4-67，特别在 60-61）。

6. 第五章，我们将在波普尔与马克思的关系的语境下，深度探索波普尔的可证伪性标准。

128 7. 我们应该指出的是，即使在 1968 年，波普尔将解释理论看作受心理主义所主导，也可能是正确的。理解一个人的行动需要再现他的内部心理状态，这一主张在美国受到了来自后维特根斯坦的思想所影响的思想家和欧洲大陆的现象学家的毁灭性批判（Dallmayr and McCarthy，1977：3-9）。到 1968 年，反思社会科学方法论的解释理论家——包括查尔斯·泰勒、彼得·温奇，以及大陆的思想家如伽达默尔（Hans Georg Gadamer）探讨了解释的本体论蕴涵——他们都强调，意向性的人类行动只有在依赖语言的规则和规范框架内，才是可理解的。他们认为，这些规则和规范不能被还原为主观的心理状态。事实上，通过将解释性理解等同于对世界 3 实体的考察，波普尔可能把他的解释理论进一步与当时的主流解释理论保持一致。也就是说，波普尔的解释理论与泰勒等人的理论有着重要的区别。

第四章

1. 科林·西姆金声称，波普尔认为，经济学是唯一让他感兴趣的社会科学（Simkin，1993：2）。但西姆金并没有指出这一说法的来源。

2. 《波普尔思想精粹》（*Popper Selections*）中“合理性原则”（“The Rationality Principle”）一文的英译版。这篇文章主要截自波普尔 1963 年在哈佛大学经济学系所做的演讲，有些许改动。

3. 哈科恩认为，理性选择理论和情境分析是不一样的。哈科恩说，波普尔“反对将利润最大化（或利益计算）的个体视为是既定的，他的模型选择将这种分析转换为制度设置”（Hacohen，2000：493）。他继续补充道，“情境逻辑并不表征经济帝国主义，而是经济学的社会学化”（Hacohen，2000：493，n. 170）。这与我在本章中所指出的观点是一致的。

4. 法尔（Farr，1987：58-59）在对情境模型和“迪维尔热定律”的探讨中得到了类似的结论，迪维尔热定律试图解释过半数的一次性投票系统中两党制的普遍化。迪维尔热假设，投票者在投票时是在工具性地行动，他们不会浪费自己的投票，投给没有机会获胜的第三方候选人。然而，为了解释迪维尔热的假设性定律为什么*不是*普遍的——第三方有时在过半数的一次性投票系统中确实会获胜——我们必须要转向影响投票行为的规范，它可以被轻易地纳入情境模型。

5. 波普尔对欧洲共产党的分析实际上是试图以马克思自己的理论来击败马克思。波普尔的解释遵循他对马克思的商业周期理论的评价，这一理论是马克思发现的“资本的内在矛盾”。我们将在第五章看到，他赞扬马克思的分析很好地例证了情境分析，但他认为它仍然是有缺陷的，因为马克思没有看到，政治干预可以减轻穷人的苦难，防止日益严重的经济危机的出现。

129 **第五章**

1. 如果有什么的话，那就是我低估了波普尔对黑格尔的蔑视。在《开放社会及其敌人》中，波普尔把黑格尔叫作“小丑”“骗子”“空谈”和空洞的“废话”（*OSE* Ⅱ：28，32，54）。他也赞许地引用了叔本华对黑格尔的评价——“一个平头、无味、恶心、目不识丁的骗子”，他的哲学是“疯狂的、迷惑人的废话”（*OSE* Ⅱ：33）。我不会在这里评估波普尔对黑格尔的解释是否具有有效性，但我会指出，许多与波普尔有共鸣的人也发现他对黑格尔的解读并不那么仁慈。其中最著名的当属沃尔特·考夫曼（Walter Kaufmann），他认为，波普尔对黑格尔的描述充满了误译、欺骗性的“编造的”引用和虚假的学术（Kaufmann，1972）。

2. 然而，尽管波普尔把《历史决定论的贫困》献给那些“屈服于法西斯和共产主义的历史命运的必然规律的信念之下的人们”，尽管波普尔认为黑格尔和马克思分别对法西斯主义和苏联式的社会主义负有一定的责任，但在这项工作中，波普尔更加频繁地批判孔德和穆勒的历史决定论信念。通常他只攻击未提及的“典型”的历史决定论者。

3. 事实上，波普尔不认为精神分析是伪科学。相反，他似乎把它看作一种形而上学的研究纲领，目前，它过于无定形，无法产生可检验的命题，但在某些改进之后，它可能演变成真正的科学。波普尔对德谟克利特的原子论做出了类似的主张，将之描述为，最初只是形而上的猜测，但最终成了实证检验的科学（*CR*：37–38；*PS*：406）。

4. 关于近代历史主义思想有一个很好的例子，即戈登·摩尔（英特尔集团创始人）发现的“摩尔定律”，已经进入了公共讨论中，这一定律指出，计算机芯片的处理能力将每 18 个月翻一倍。显然，这一预测的倍增取决于还没有人预测到的人类知识的发展。摩尔定律描述了一种趋势，而不是一种规律，摩尔和其他任何人都不知道这一趋势是否会继续下去。

5. 顺便说一下，这一段话暗示了情境分析两个主要目的的其中一个。正如我们在第一章看到的，情境分析的主要目的是揭示结构化情境中人类交互的模式，并表明这种行动如何产生社会现象，特别是非预期的后果。这一段话中描述的情境分析的第二个目标是，界定出产生典型社会现象的典型情境和互动模式。这些知识可能产生一些一般性的解释力，帮助社会科学家了解不同文化和历史背景下的一系列社会现象。但是，这种知识产生的一般解释力和预测力往往是试验性的，而且有例外。通过这种方式，情境分析在独特个案和真正的规律所赋予的演绎的解释力之间找到了正确的方向，而在社会世界中是无法找到这些规律的。

6. 利用波普尔对柏拉图的公民衰退分析的描述，人们可能会质疑波普尔的说法，即对柏拉图来说，“衰变定律”决定了历史进程。正如我们在第四章看到的，波普尔引用柏拉图对暴政的分析，例证了柏拉图对 130
“权力的逻辑”的揭示——换句话说，例证了对行动的情境分析（*OSE* Ⅰ：315）。但柏拉图本质上使用了“权力的逻辑”来表明民主如何沦为独裁政权，并且可能有人会说，他揭示和引用了情境的逻辑来说明公民衰退的一些其他方法。此外，如上所述，柏拉图认为，如果采取适当步骤，这一退化可能会受到阻止。对柏拉图来说，这一切都意味着，公民衰退不是城市屈服于衰变定律不可缓和的力量的必然结果。相反，它表明的不是一种规律，而是一种建立在情境中的倾向，这种倾向可以通过社会工程来改变（但是，对于波普尔来说，柏拉图在改变这一趋势的努力中，仍然是整体主义的而不是零散的社会工程）。有趣的是，波普尔对马克思的其中一个指控是，马克思没能看到制度干预可以减轻许多资本主义的不幸的倾向（如工人的失业、贫困化和商业周期）。下面我们将看到，即使马克思的历史唯物主义把他置于一种决定论的历史观中，但我们也可以认为，他在《资本论》中使用的对资本主义的分析没有这样做。同样地，我们也可以认为，柏拉图的衰变定律把他置于历史决定论中，但他对公民衰退的分析（《理想国》的第八卷）却没有这样。这是因为《资本论》像《理想国》第八卷一样，使用了情境逻辑而不是历史规律来说明社会和经济现象。

7. 就波普尔对柏拉图的描述而言，考虑到波普尔本人对黑格尔的解释和对历史决定论的定义，给黑格尔贴上成熟的历史决定论者的标签是存在问题的。黑格尔显然认为，历史中有可以辨别出的节奏和倾向，历史的进程是严格决定的。但是，与柏拉图和马克思不同，除了一般预言——世界正在变得更加理性之外，他没有进行历史预测或预言。事实上，黑格尔认为，历史已经终结，在普鲁士君主制度中已经达到完善，因此，不需要再做更多的预言。波普尔似乎是这样来理解黑格尔的（*OSE Ⅱ*：48）。

8. 在这里，波普尔的结论与分析的马克思主义者李丹在对马克思历史唯物主义的评价中获得的结论很相似。李丹指出，这个理论完全不是一个真正的科学理论，而是为社会研究提供方向的研究纲领，它实际上并没有说明任何特定的社会或历史现象。真正的解释性工作留给了李丹所谓的“制度逻辑”，我们将在本章最后一节中考虑这个概念（Little，1986：65-67）。

9. 有趣的是，波普尔没有将马克思的历史决定论的来源追溯到他假定的目的论的历史观和他的辩证唯物主义。事实上，尽管马克思思想中辩证推理这方面被广泛视为其历史唯物主义的核心，但波普尔几乎没有探讨马克思对辩证推理的运用。在《开放社会及其敌人》中波普尔明确拒绝详细地讨论马克思的辩证法。无论如何，波普尔说，他对历史决定论的批判“涵盖了［马克思的］辩证法中所有可以重视的问题”（*OSE* Ⅱ：320）。在《开放社会及其敌人》中其他一些地方，波普尔贬低了马克思工作中辩证法的意义（*OSE* Ⅱ：319，320），但他确实在1940年一篇题为“何为辩证法”［再版于《猜想与反驳》（*Conjectures and Refutations*）中］的论文中思考了马克思思想中辩证法的作用。他指出，辩证推理， 131
无论是唯物主义的还是唯心主义的，都是非科学的，因为它产生的预测过于模糊和灵活，总是能够避免证伪（*CR*：334；也参见 *OSE* Ⅱ：138，334，其中波普尔也顺带做出了同样的论断）。他说，对任何特定的论点和假定的反论点，我们可以合理地宣称，许多可能的综合体都是存在的。例如，人们可以依据辩证法来描述资本主义中的敌对倾向。一方面是这样一个论点，资本积累在越来越少的人手中，提高了生产力等；而另一方面是反论点，即工人日益增加的痛苦和他们日益增长的阶级意识。社会主义可以合理地被描述为这种条件的综合体，但是法西斯主义或“技术统治论”或“民主干涉主义体系”也可以（*OSE* Ⅱ：334）。有这么多潜在的综合体，马克思主义者可以（且已经）一再避免证伪他们的理论。正如我们在上面看到的，这种逃避证伪的指控和波普尔对占星术和弗洛伊德精神分析学的批评是一样的。然而，波普尔又一次把马克思主义这种不科学的倾向归咎于马克思的追随者，而不是马克思本人。他说，马克思的追随者将马克思作品中的辩证方面用于“护教学——保卫马克思主义体系不受到批判”（*CR*：334）。波普尔指出，具有讽刺意味的是，这种传统形式的马克思主义被称为“科学的马克思主义”（*CR*：335），但实际上它是对马克思“反教条”的科学态度和批判的背叛（*CR*：335）。

10. 马克思写道，“护教论者没有研究爆发灾难的矛盾因素的本质，而只是否定了灾难本身，并且在面对它们的定期和周期性复发的时候坚持认为，如果根据教科书继续进行生产，危机就不会发生”（Marx，1978/1867：443-444）。

11. 至少有另外一位学者注意到分析的马克思主义者和波普尔之间的相似之处。马库斯·罗伯茨（Marcus Roberts）引导读者去“考虑埃尔斯特对‘马克思对社会科学方法论的发展的贡献’的评价，与他对波普尔这一对马克思主义进行了最激烈的批判的学者的评价之间有高度的一致性”（Roberts，1996：227，n. 24）。他进而指出，这两人都赞扬马克思在其说明中强调了人类互动的非预期后果。对较传统的马克思主义者和分析的马克思主义者批评家——罗伯茨而言，埃尔斯特和波普尔对马克思的相似观点只有助于增加他的怀疑：分析的马克思主义代表了受右翼激励的马克思主义的堕落。

第六章

1. 然而，与传统的经济学家不同，第四章探讨的行为经济学家的新浪潮关注于欲望的形成。

2. 很明显，波普尔不相信科学知识是由科学家头脑中的主观信念组成的。科学知识是作为关于世界的客观假说而存在的。但是，当然，个体科学家可能相信世界 3 中的客观理论。哥白尼理论认为，地球围绕太阳转，并且哥白尼自己也相信这一理论是正确的。

3. 欲望形成也可以被认为是非理性的。然而，欲望很少是有意产生的，除了上面提到的性格规划的例子之外——这无疑是一种理性的欲望形成。

132 因此，非理性的欲望，连同不合理的欲望的形成一起，排除在情境分析的范围之外。

4. 但是，我可以指出，波普尔可能通过引用“过度激动的想象”——这听起来像是对一个人的情绪状态的描述——的潜在影响，暗自将心理范畴带入了他的解释之中。

5. 有趣的是，正如波普尔在脚注中承认的那样，1974 年，这句话用括号的方式被添加到文章中。因此，这句话是在波普尔对进化论和生物学感兴趣的时候加上的，而且当时他很可能对社会科学哲学失去了兴趣。人们不禁要问，波普尔是否仍旧热衷于将心理学从社会研究中驱逐出去，他在这一时期是否会继续反思社会科学方法论。

6. 对于事件的娱乐性和启发性的解释，见大卫·埃德蒙（David Edmonds）和约翰·艾丁诺（John Eidinow）的《维特根斯坦的拨火棍》（*Wittgenstein's Poker*）（2001 年）。

7. 有趣的是，在《卡尔·马克思导论》（*An Introduction to Karl Marx*）和《理解马克思》（*Making Sense of Marx*）中，埃尔斯特关于马克思提出了相似的论点。他写道，"[马克思的] 知识概要是不懈寻求真理、愿望思维和辩论的意图三者复杂的混合"（Elster，1986：2）。他似乎遵循着两个隐含的假设：第一，所有满足需要的（desirable）事物都是可行的（feasible）；第二，所有满足需要的和可行的事物都是不可避免的（inevitable）"（Elster，1986：2）。情绪也歪曲了马克思的思想（Elster，1999：299）。

8. 酸葡萄效应也可以被描述为一种非理性的欲望形成。一方面，狐狸可以说失去了对葡萄的欲望，因为它对葡萄的信念改变了。但这一过程也可以从另一个方向起作用：首先，他失去了对葡萄的欲望，这促使他对葡萄的信念发生了变化。然而，在酸葡萄的例子中，这一因果关系似乎是双向的。信念的改变会改变欲望，但欲望的变化也会引发信念的变化。

9. 伊恩·贾维认为，埃尔斯特使用了情境逻辑，但他没有注意到，他是在《社会科学的基本原理》（*Nuts and Bolts of the Social Sciences*）——他对社会科学方法论的介绍——中使用的（Jarvie，1998：379）。我同意，但我认为埃尔斯特所发展的情境分析优于波普尔所推荐的那种，埃尔斯特的情境分析包含了心理机制。

10. 埃尔斯特很清楚，日常康德主义不同于康德的义务概念，特别是他的绝对命令（categorical imperative）。后者规定，人们仅仅应当有意向地进行那些不包含逻辑或现实矛盾的行动（Elster，1989：192）。

参 考 文 献

Ackermann, Robert John. 1976. *The Philosophy of Karl Popper.* Amherst: University of Massachusetts Press.

Agassi, Joseph. 1993. "The Heuristic Bent." *Philosophy and Rhetoric* 26 (1): 9–30.

——.1998. "Knowledge Personal or Social." *Philosophy of the Social Sciences* 28 (4): 522–551.

Alford, John R., Carolyn L. Funk, and John R. Hibbing. 2005. "Are Political Orientations Genetically Transmitted? " *American Political Science Review* 99 (2): 153–167.

Apel, K-O. 1983. "Comments on Farr's Paper (Ⅱ): Some Critical Remarks on Popper's Hermeneutics." *Philosophy of the Social Sciences* 13: 183–193.

Arrow, Kenneth J. 1951. *Social Choice and Individual Values.* New Haven: Yale University Press.

Ayer, A. J., ed. 1959. *Logical Positivism.* New York: Free Press.

Ball, Terence. 1972. "On 'Historical' Explanation." *Philosophy of the Social Sciences* 2: 181–192.

——.1981. "Popper's Psychologism." *Philosophy of the Social Sciences* 11: 65–68.

Ball, Terence, and James Farr, eds. 1984. *After Marx.* Cambridge: Cambridge

University Press.

Barnes, S. B. 1976. "Natural Rationality: A Neglected Concept in the Social Sciences." *Philosophy of the Social Sciences* 6（2）: 115–126.

Bartley, W.W. 1962. "Achilles, the Tortoise, and Explanation in Science and History." *British Journal for the Philosophy of Science* 13: 15–33.

Bewley, Truman F. 1999.*Why Wages Don't Fall during a Recession.* Cambridge: Harvard University Press.

Bhaskar, Roy, and Tony Lawson. 1998. "Introduction." In *Critical Realism: Essential Readings*, 3–15 edited by Margret Archer et al.New York: Routledge.

Bhaksar, Roy. 1975. *A Realist Theory of Science.* Bristol: Leeds Books Limited.

——.1998. "Societies." In *Critical Realism: Essential Readings*, 206–257 edited by Margret Archer et al.New York: Routledge.

Bichlbauer, Dieter. 1998. "Some Considerations about the Further Development of Situational Analysis." *Philosophy of the Social Sciences* 28: 422–433.

Boland, L. A. 1998. "Situational Analysis beyond Neoclassical Economics." *Philosophy of the Social Sciences.* 28（4）: 515–521.

——. 2003. "Dealing with Popper in Economic Rationality." *Philosophy of the Social Sciences* 33（4）: 479–498.

Bunge, Mario. 1997. "Mechanism and Explanation." *Philosophy of the Social Sciences* 27: 410–465.

Burke, T. E. 1983. *The Philosophy of Popper.* Dover, N. H.: Manchester University Press.

Comte, Auguste. 1974. *The Positive Philosophy.* New York: AMS Press.

Cooper, Wesley E., and John Farlow King. 1983. "Comment on Farr's Paper（I）: Sir Karl Popper—Tributes and Adjustments." *Philosophy of the Social Sciences* 13: 177–182.

Corvie, Roberta. 1997. *An Introduction to the Thought of Karl Popper*. New York: Routledge.

Currie, G., and Musgrave, A., eds. 1985. *Popper and the Human Sciences*. Boston: Martinus Nijhoff.

Dallmayr, Fred R., and Thomas A. McCarthy, eds. 1977. *Understanding and Social Inquiry*. Notre Dame: University of Nortre Dame Press.

D'Amico, Robert. 1989.*Historicism and Knowledge*. New York: Routledge.

Davidson, Donald. 1963. "Action, Reasons, and Causes." *Journal of Philosophy* 60 (23): 685–701.

——. 1976. "Hempel on Explaining Human Action." *Erkenntnis* 10: 239–253.

——. 1994. "Psychology as Philosophy." In *Readings in the Philosophy of Social Science*. Edited by Michael Martin and Lee C. McIntyre, 79–89. Cambridge: The MIT Press.

Dennett, Daniel. 1991. *Consciousness Explained*. Boston: Little, Brown and Company.

Donagan, A. 1966. "The Popper-Hempel Theory Reconsidered." In *Philosophical Analysis and History*, edited by W. H. Dray, 127–159. New York: Harper and Row.

Downs, Anthony. 1957. *An Economic Theory of Democracy*. New York: Harper and Row.

Edgerton, Robert B. 1985. *Rules, Exceptions, and Social Order*. Berkeley: University of California Press.

Edmonds, David, and John Eidinow. 2001. *Wittgenstein's Poker: The Story of a Ten-Minute Argument between Two Great Philosophers*.New York: Harper Collins.

Elster, Jon. 1982. "Belief, Bias, and Ideology." In *Rationality and Relativism*, edited by Martin Hollis and Steven Lukes, 123–148. Cambridge: MIT Press.

——. 1983a. *Explaining Technical Change.* Cambridge: Cambridge University Press.

——. 1983b. *Sour Grapes: Studies in the Subversion of Rationality.* Cambridge: Cambridge University Press.

——. 1985. *Making Sense of Marx.* Cambridge: Cambridge University Press.

——. 1986. *An Introduction to Karl Marx.* Cambridge: Cambridge University Press.

——. 1989a. *The Cement of Society: A Study of Social Order.* Cambridge: Cambridge University Press.

——. 1989b. *Nuts and Bolts for the Social Sciences.* Cambridge: Cambridge University Press.

——.1993. *Political Psychology.* Cambridge: Cambridge University Press.

——. 1999. *Alchemies of the Mind: Rationality and the Emotions.* Cambridge: Cambridge University Press.

——. 2000. *Ulysses Unbound: Studies in Rationality, Precommitment, and Constraints.*Cambridge: Cambridge University Press.

Faludi, Andreas. 1998. "Why in Planning *The Myth of Framework* Is Anything but That." *Philosophy of the Social Sciences* 28 (3): 381–399.

Farr, James. 1983a. "Popper's Hermeneutics." *Philosophy of the Social Sciences* 13: 157–176.

——.1983b. "Marx No Empiricist." *Philosophy of the Social Sciences* 13: 465–472.

——. 1985. "Situational Analysis: Explanation in Political Science." *Journal of Politics* 47: 1085–1107.

——. 1987. "Resituating Explanation." In *Idioms of Inquiry: Critique and Renewal in Political Science*, edited by Terence Ball, 45–66. Albany: State University of New York Press.

Fay, Brian, and J. Donald Moon. 1994. "What Would an Adequate Philosophy of Social Science Look Like? " In *Readings in the Philosophy of Social Science*, edited by Michael Martin and Lee C. McIntyre, 21–35. Cambridge: MIT Press.

Ferejohn, John, and Morris P. Fiorina. 1974. "The Paradox of Not Voting: A Decision Theoretic Analysis." *American Political Science Review* 68: 525–536.

Geertz, Clifford. 1994. "Thick Description: Toward an Interpretive Theory of Culture." In *Readings in the Philosophy of Social Science*, edited by Michael Martin and Lee C. McIntyre, 213–231. Cambridge: MIT Press.

Gellner, Ernest. 1985. *Relativism and the Social Sciences*. New York: Cambridge University Press.

——.1988. *Plough, Sword, and Book: The Structure of Human History*. Chicago: University of Chicago Press.

Gilbert, Margaret, and Fred Berger. 1976. "On an Argument for the Impossibility of Prediction in the Social Sciences." *American Philosophical Quarterly* 9: 99–111.

Green, D. P., and Shapiro, I. 1994. *Pathologies of Rational Choice Theory*. New Haven: Yale University Press.

Hacking, Ian. 1983. *Representing and Intervening*. Cambridge: Cambridge University Press.

Hacohen, Malachai Haim. 2000. *Karl Popper: The Formative Years, 1902–1945: Politics and Philosophy in Interwar Vienna*. Cambridge: Cambridge University Press.

Hall, J. 1997. "Social Foundations of Openness." *Philosophy of the Social Sciences* 27 (1): 24–38.

Hands, Douglas W. 1985. "Karl Popper and Economic Methodology: A Second Look." *Economics and Philosophy* 1: 83–99.

Hedstrom, Peter, et al. 1998. "Popper's Situational Analysis and Contemporary

Sociology." *Philosophy of the Social Sciences* 28（3）：339–364.

Heilbroner, Robert. 1954. *The Worldly Philosophers.* New York: Simon and Shuster.

Hempel, Carl G. 1965. *Aspects of Scientific Explanation and Other Essays in the Philosophy of Science.* New York: Free Press.

——. 1994. "The Function of General Laws in History." In *Readings in the Philosophy of Social Science*, edited by Michael Martin and Lee C. McIntyre, 43–53. Cambridge: MIT Press.

Hollis, Martin. 1994. *The Philosophy of Social Science.* Cambridge: Cambridge University Press.

Isaac, Jeffrey. 1987. "After Empiricism: The Realist Alternative." In *Idioms of Inquiry*, edited by Terence Ball and James Farr, 187–201. Albany: State University of New York Press.

——. 1992. "Beyond the Three Faces of Power: A Realist Critique." In *Rethinking Power*, edited by Thomas E.Wartenberg, 32–55. Albany: State University of New York Press. Jarvie, I. C. 1972. *Concepts and Society.* London: Routledge and Kegan Paul.

——.1986. *Thinking About Society: Theory and Practice.* Boston: D. Reidel.

——. 1998. "Situational Logic and Its Reception." *Philosophy of the Social Sciences* 28（3）：365–380.

Jarvie, I. C., and Sandra Pralong, eds. 1999. *Popper's* Open Society *after Fifty Years: The Continuing Relevance of Karl Popper.* New York: Routledge.

Joergensen, Joergen. 1970. "The Development of Logical Empiricism." In *Foundations of the Unity of Science*, Vol. 2, edited by Otto Neurath, Rudolf Carnap, and Charles Morris, 847–936. Chicago: University of Chicago Press.

Kahneman, Daniel, P. Slovic, and A. Tversky. 1982. *Judgment under Uncertainty.* Cambridge: Cambridge University Press.

Kaufmann, Walter. 1972. "The Hegel Myth and Its Method." In *Hegel: A Collection of Critical Essays*, edited by Alasdair MacIntyre, 21–60.New York: Doubleday.

Keegan, John. 1976. *The Face of Battle.*New York: Viking.

Kincaid, Harold. 1994. "Defending Laws in Social Scientific Laws." In *Readings in the Philosophy of Social Science*, edited by Michael Martin and Lee C. McIntyre, 111–130. Cambridge: MIT Press.

Koertge, Noretta. 1985. "Beyond Cultural Relativism." In *Popper and the Human Sciences*, edited by Gregory Currie and Alan Musgrave, 121–131. Boston: Martinus Nijhoff.

Kolakowski, Leszek. 1968. *The Alienation of Reason: A History of Positivist Thought.* New York: Doubleday.

Lakatos, Imre. 1978. *The Methodology of Scientific Research Programs.* Cambridge: Cambridge University Press.

Lakatos, Imre, and Alan Musgrave, eds. 1970. *Criticism and the Growth of Knowledge.* Cambridge: Cambridge University Press.

Lipset, Seymour Martin, Martin A.Trow, and James S. Coleman. 1956. *Union Democracy: The Internal Politics of the Internatoinal Typographical Union.* Glencoe, Ill.: Free Press.

Little, Daniel. 1986. *The Scientific Marx.* Minneapolis: University of Minneapolis Press.

——.1991. *Varieties of Social Explanation.* Boulder: Westview.

——. 1998. *Microfoundations, Method, and Causation.* New Brunswick: Transaction Publishers.

Lukes, Steven. 1994. "Methodological Individualism Reconsidered." In *Readings in the Philosophy of Social Science*, edited by Michael Martin and Lee C. McIntyre, 451–458. Cambridge: MIT Press.

MacDonald, Graham. 1995. "The Grounds for Anti-Historicism." In *Karl Popper: Philosophy and Problems,* edited by Anthony O'Hear, 241–257. New York: Cambridge University Press.

Magee, Bryan. 1973. *Philosophy and the Real World: An Introduction to Karl Popper.* La Salle, Ill.: Open Court.

Mardiros, Anthony M. 1975. "Karl Popper as Social Philosopher." *Canadian Journal of Philosophy* 5: 157–171.

Martin, Michael. "Taylor on the Interpretation and the Sciences of Man." In *Readings in the Philosophy of Social Science,* edited by Michael Martin and Lee C. McIntyre, 259–279. Cambridge: MIT Press.

Marx, Karl. 1978 [1867]. *Capital I.* London: Penguin.

Matzner, Egon, and Amit Bhaduri. 1998. "The Socioecnomic Context: An Alternative Approach to Popper's Situational Analysis." *Philosopy of the Social Sciences* 28 (4): 484–497.

Matzner, Egon, and Ian C. Jarvie. 1998. "Introduction to the Special Issues on Situational Analysis." *Philosophy of the Social Sciences* 28 (3): 333–338.

Mayer, Tom. 1994. *Analytical Marxism.* London: Sage.

McLachlan, H. V. 1980. "Popper, Marxism, and the Nature of Social Laws." *British Journal of Sociology* 31: 66–77.

Merton, Robert. 1967. *On Theoretical Sociology: Five Essays.* New York: Free Press.

Michalos, Alex C. 1969. "Positivism versus the Hermeneutic-Dialectic School." *Theoria* 35: 267–278.

Mill, John Stuart. 1987 [1872]. *The Logic of the Moral Sciences.* La Salle, Ill.: Open Court.

Miller, David. 1985. *Popper Selections.* Princeton: Princeton University Press.

Miller, Warren E., and J. Merrill Shanks. 1996. *The New American Voter.*

Cambridge: Harvard University Press.

Minogue, Kenneth. 1995. "Does Popper Explain Historical Explanation?" In *Karl Popper: Philosophy and Problems*, edited by Anthony O'Hear, 225–240. New York: Cambridge University Press.

Nagel, Ernest. 1961. *The Structure of Science: Problems in the Logic of Scientific Explanation*. New York: Harcourt, Brace and World.

Notturno, Mark A. 1998. "Truth, Rationality, and the Situation." *Philosophy of the Social Sciences* 28: 400–421.

——.1999. "Popper's Critique of Scientific Socialism, or Carnap and His Co-Workers." *Philosophy of the Social Sciences* 29 (1): 32–61.

——. 2000. *Science and the Open Society: The Future of Karl Popper's Philosophy*. New York: Central European University Press.

Oakely, A. 2002. "Popper's Ontology of Situated Human Action." *Philosophy of the Social Sciences* 32 (4): 455–486.

Olson, Mancur. 1965. *The Logic of Collective Action*. Cambridge: Harvard University Press.

O'Hear, A., ed. 1995. *Karl Popper: Philosophy and Problems*. Cambridge: Cambridge University Press.

Ormerod, Paul, and Bridget Roswell. 1998. "Situational Analysis and the Concept of Equilibrium." *Philosophy of the Social Sciences* 28 (3): 498–514.

Outwaite, William. 1987. *New Philosophies of Social Science: Realism, Hermeneutics, and Critical Theory*. New York: St. Martins.

Pigden, Charles. 1995. "Popper Revisited, or What is Wrong with Conspiracy Theories?" *Philosophy of the Social Sciences* 25 (1): 3–34.

Pinker, Steven. 1997.*How the Mind Works*. New York: Norton.

Plato. 1974. *Republic*. Trans. Robin Waterfield.New York: Oxford University Press.

Polkinghorne, Donald. 1983. *Methodology for the Human Sciences.* Albany: State University of New York Press.

Popkin, Samuel L. 1979. *The Rational Peasant.* Berkeley: University of California Press.

——.1963. *Conjectures and Refutations.* London: Routledge and Kegan Paul.

——. 1968. “A Revised Definition of Natural Necessity.” *British Journal for the Philosophy of Science* 18: 316–321.

——.1971 [1950]. *The Open Society and Its Enemies, Volume 1: The Spell of Plato.* Princeton: Princeton University Press.

——. 1971 [1950]. *The Open Society and Its Enemies, Volume 2: The High Tide of Prophecy: Hegel, Marx, and the Aftermath.* Princeton: Princeton University Press.

——.1972. *Objective Knowledge.* Oxford: Oxford University Press.

——.1976. *Unended Quest: An Intellectual Autobiography.* London: Open Court.

——. 1982. “Popper’s Psychologism: A Reply to Ball.” *Philosophy of the Social Sciences* 12: 69.

——.1982. *The Open Universe.* New York: Routledge.

——.1983. *Realism and the Aim of Science.* Totowa, N. J.: Rowman and Littlefield.

——. 1985. *Popper Selections.* Edited by David Miller. Princeton: Princeton University Press.

——.1986 [1957]. *The Poverty of Historicism.* London: Ark.

——.1992 [1959]. *The Logic of Scientific Discovery.* London: Routledge.

——. 1992. *In Search of a Better World.* Translated by Laura J. Bennet.London: Routledge.

——. 1994. *Knowledge and the Mind-Body Problem.* Edited by M. A. Notturno. London: Routledge.

——.1994. *The Myth of Framework.* Edited by M.A.Notturno. London. Routledge.

——.1997. *Lessons of This Century.* New York：Routledge.

——.1999. *All Life Is Problem Solving.* New York：Routledge.

Popper, Karl, and John C. Eccles. 1977. *The Self and Its Brain.* New York：Springer International.

Quattrone, George, and Amos Tversky. 1986. "Self-Deception and the Voter's Illusion." In *The Multiple Self,* edited by Jon Elster, 35–58. Cambridge：Cambridge University Press.

Rauch, Jonathan. 1993. *Kindly Inquisitors: The New Attacks on Free Thought.* Chicago：University of Chicago Press.

Riker, William, and Peter C. Ordeshook. 1968. "A Theory of the Calculus of Voting." *American Political Science Review* 62：25–42.

Roberts, Marcus. 1996. *Analytical Marxism: A Critique.* New York：Verso.

Rosenberg, Alexander. 1995. *Philosophy of Social Science.* Boulder：Westview.

Russell, Bertrand. 1945. *A History of Western Philosophy.* New York：Simon and Shuster.

Ryan, Alan. 1991. "When It's Rational to be Irrational." *New York Review of Books,* October 10：19–22.

Sandven, Tore. 1999. "Autonomy, Adaptation, and Rationality—A Critical Discussion of Jon Elster's Concept of 'Sour Grapes,' Part I." *Philosophy of the Social Sciences* 29：3–31.

Savary, Claude. 1995. "Discovery and Its Logic：Popper and the 'Friends of Discovery.'" *Philosophy of the Social Sciences* 25（3）：318–344.

Schlipp, P. A., ed. 1974. *The Philosophy of Karl Popper.* 2 vols. La Salle, Ill.: Open Court.

Shearmur, Jeremy. 1996. *The Political Thought of Karl Popper.* New York：

Routledge.

——. 1998. "Popper, Hayek, and the Poverty of Historicism, Part I: A Largely Bibliographical Essay." *Philosophy of the Social Sciences* 28 (3): 434–450.

Simkin, Colin. 1993. *Popper's Views on Natural and Social Science.* New York: E. J. Brill.

Soros, George. 1997. "The Capitalist Threat." In *The Atlantic Monthly* 279 (2): 45–58.

Stokes, G. 1995a. "Politics, Epistemology, and Method: Karl Popper's Conception of Human Nature." *Political Studies* 43 (1): 105–123.

——.1995b. "Popper and Human Nature Revisited." *Political Studies* 43 (1): 131–135.

——.1998. *Popper: Philosophy, Politics and Scientific Method.* Malden, Mass.: Blackwell.

Suchting, W. A. 1972. "Marx, Popper, and 'Historicism.'" *Inquiry* 15: 235–266.

Sunstein, Cass R. 2000. "The Human Variables." *The New Republic,* August 7: 44–48.

Taylor, Charles. 1985a. *Human Agency and Language: Philosophical Papers 1.* New York: Cambridge University Press.

——.1985b. *Philosophy and the Human Sciences: Philosophical Papers 1.*New York: Cambridge University Press.

Tucker, Robert, ed. 1978. *The Marx-Engels Reader.* New York: Norton.

Veyne, Paul. 1984. *Writing History: Essays in Epistemology.* Middletown, Conn.: Wesleyan University Press.

Von Wright, Georg Henrik. 1971. *Explanation and Understanding.* New York: Cornell University Press.

Ware, Robert, and Kai Nielsen, eds. 1989. *Analyzing Marxism: New Essays on*

Analytical Marxism. Calgary: University of Calgary Press.

Watkins, J.W. N. 1994. "Historical Explanation in the Social Scienes." In *Readings in the Philosophy of Social Science,* edited by Michael Martin and Lee C. McIntyre, 441–450. Cambridge: MIT Press.

Williams, Douglas E. 1989. *Truth, Hope, and Power: The Thought of Karl Popper.* Buffalo: University of Toronto Press.

Winch, Peter. 1977. "Understanding a Primitive Society." In *Understanding and Social Inquiry,* edited by Fred R. Dallmayr and Thomas A. McCarthy, 159–188. Notre Dame: University of Notre Dame Press.

——. 1990 [1958]. *The Idea of a Social Science and Its Relationship to Philosophy.* Melksham, Wiltshire: Redwood.

索　　引